Kalpten Düşme

Ayşe Özyılmazel

Anı/Roman

Kalpten Düşme
Sahi, Ben Neye İnanmıştım?
Ayşe Özyılmazel

ISBN: 978-605-5134-16-7
Yayıncı Sertifika No. 16208

I. Baskı: İstanbul, Temmuz 2013

Yayın Yönetmeni: Cem Mumcu
Yayın Koordinatörü: Kemal Kırar
Editör: Ömer Erte
Redaksiyon: Kemal Kırar

Kapak Tasarımı: Ebru Demetgül
Grafik Uygulama: Zeynep Erim

Baskı ve Cilt: Pasifik Ofset
Cihangir Mh. Güvercin Cd. No:3
Baha İş Merkezi A Blok Avcılar - İSTANBUL
Tel.: 0212 412 17 77 - Sertifika No : 12027

Kitabın düzeltisinde Dil Derneği Yazım Kılavuzu'nun 9. baskısı esas alınmıştır.
Eser, 60 gr. kâğıt üzerine 11 puntoluk Palatino fontuyla dizilmiştir.

Bu kitabın yayın hakları Okuyan Us'a aittir. Her hakkı saklıdır. Tanıtım için yapılacak kısa alıntılar dışında yayıncının yazılı izni olmaksızın hiçbir yolla çoğaltılamaz.

© Okuyan Us Yayın Eğitim Danışmanlık Tıbbi Malzeme ve
Reklam Hizmetleri San. ve Tic. Ltd. Şti.
Fulya Mah. Mehmetçik Cad. Eser Apt. A Blok No. 30 D. 5-6
Fulya, Şişli, İstanbul Tel.: (0212) 272 20 85 - 86 Faks: (0212) 272 25 32

okuyanus@okuyanus.com.tr
www.okuyanus.com.tr

Kalpten Düşme
Sahi, Ben Neye İnanmıştım?

Ayşe Özyılmazel

B'ye

Yazmaya karar verince yazılmıyor. Çünkü yazmak karar verilecek bi'şey değil.

'Çünkü' de cümlenin başına gelecek bir kelime değil ama olsun. Yıllardır göz göre göre, yerinin orası olmadığını bile bile cümle başında kullanıyorum 'çünkü'yü.

Belki bütün hayatım açıklama yaparak geçtiği için özne zannettim 'çünkü'leri... Bağlaçtılar oysa.

Bir kamyon 'çünkü' gelse birbirine bağlayamazdı zaten sebeplerimle söylediklerimi.

Aynı 'ama' gibi... 'Çünkü ve ama' dilimin 'Bonny ve Clyde'ı, 'Thelma ve Louise'i...

Veriyorlar el ele, tozu dumana katıyorlar, kaçıyorlar, olmamaları gereken yerde bitiyorlar, filmin sonunda kazanmalarına imkân yok ama duramıyorlar, ne kadar koşarlarsa o kadar yaşayacaklar.

Altı üstü iki edat ya da Sedat! Ne fark eder? Bu kadar anlam yüklemeye değer mi? Belki de değer.

Ama ben...
Çünkü ben...
İşte ben.

Süzülmemiş şeyler

Yazmaya karar verince yazılmıyor işte. Girişte de söyledim.

Hoş, kendisi pek giriş gibi değil ama konumundan dolayı giriş muamelesi görebilir.

Nasılsa aşk da pek aşk değil, gurur da pek gurur değil, vicdan da pek vicdan değil di mi? İdare ederiz.

Yazmak aklını kaçırmış bir hareket, iç gürültüsü. Kendi kendine konuşup duruyorsun car car car.

Mesela yazarken her kelimeyi kafamda seslendiriyorum ben. Tonluyorum, yazma hızında konuşuyorum. Silerken de geri sarıyorum. Mesela demin "Silerken de geri alıyorum" yazmıştım. Sonra "alıyorum" kelimesini sildim (m-u-r-o-y-ı-l-a) ve yerine "sarıyorum" yazdım ve bunları seslendirdim.

Tabii içimden; sessiz film gibi ama romantik değil, dramatik, acınası, hastalıklı olabilir ama romantik değil. Kimseye söylenecek bi'şey de değil. Aramızda kalsın.

Gidip masanın başına oturmak gerekiyor yazmak için. Her yazılan da okunmaya değer olmuyor.

Bazen öyle utanıyorum, sıkılıyorum ki yazdıklarımla burun buruna gelince. Hele şu gazetedeki köşem, olur olmaz yerlerde 'böhhh'lüyor beni. Ce-eeee!

Oysa ben o gün işlediğim konuyu bile unutmayı seçmiş oluyorum çoktan. Gazetedeki editörümün e-postasına gitmek üzere g-mail'imin 'gönderilenler' kutusuna düştüğü anda yazıyı siliyorum hafızamdan.

Başka şeyler yazmak istiyorum. Süzülmemiş şeyler. Sağa sola çekiştirilemeyecek şeyler. Çekiştirilmelerine takmayacağım şeyler. Benden doğru meseleler.

Kaç kere söyledim; yazmak karar verilecek bi'şey değil. Tokmağın sesiyle olmuyor. Bi'şey yazmak, olağanmış gibi yapan olağandışı bi'şey. Çok çirkin de olabilir, çok güzel de... Belki vasat ya da bugün kesat.

Tutkulu bi'şey yazmak, yüzü gözü tutkallayan.

Kimselere söylenmeyecek bi'şey... Çatlak! Kendi kendine Da Vinci'nin şifresini arayan.

Başkalarını bilmem ama bende yazı mecburiyet kaldırmıyor. Küsüyor, 'hadi' deyince kızıyor, kaçıyor, gecenin köründe başımdan aşağı bir kova su dökerek uyandırıyor, istiyor, hep istiyor.

Deli mi ne, sürekli peşimde.

Âşık mı ne?

Sensizliğim sessizliğim

Duyuyorum seni
Çok konuşma
Taşırıyorsun kalbimi yine
Bu gürültü niye?
Başım ağrıyor uğultundan
Üç dörtlük halinde gelebilirsin buraya
Ya da elini kolunu sallaya sallaya
Sensizliğim sessizliğim biliyorsun
Onun için beni böyle yırtıyorsun
Kabul!
Gelmezsen ölebilirim bir gün şuracıkta
Bir avuç uyku ilacı uyutur beni
Uyanmam
Duyamazsam seni dayanamam

Artı eksi bir

Şubat'ın 17'si...
Teşvikiye'de eksi bir derece. Hık demiş burnumdan düşmüş.
Hava bu, burundan düşer mi, düşmüş.
Benden daha 'eksi bir'i görülmemiş bu 'artı bir'li şehirde.
Eşin olacak, işte o kadar! Öyle diyor davetiyeler, komşular, ablalar...
İlişecek ille biri yanına. Kimse tek başına çekilmez.
Tek başına kalıp, uyuşmamaya utanmıyor musun? Hayatımıza tehdit misin sen? Kocamızı-karımızı, patronumuzu, uykumuzu kapıp kaçacak mısın sen?
Amma paranoya.

Oysa tek başına yediğinde, kanını canını alırsın yemeğin. Sadece sen ve o. Suyuna suyuna banarsın. Eline değil tadına bakarsın. Hayvan gibi emersin, çiğnersin, yutarsın.

Ya da tek başına yürünmelidir Beyoğlu'nda. Sen ve o. Bir de yağmur yağarsa. Akşamüstüyse. Işıklar yanıyorsa laciverde doğru. Oh be!

Takarsın kulağına müziği, yürürsün İstiklal'de yukarı aşağı. Bakarsın sağa sola. Sonra sola sağa.

Boğaz da Boğaz'dır tek başına. Sabahın köründe git yürü Ortaköy'den Bebek'e. Karışan konuşan istemez.

Düşünme, al rüzgârı arkana, yürü kahramanca. Gurur duy kendinle.

Bük boynunu dönüşte, dalgaları izle, titre, şair zannet kendini. Sarsın mideni melankoli ekşi ekşi...

Yine karar vereme, Asya mısın Avrupa mı, her İstanbullu gibi.

Ancak eksi birde yazılır yazılar. Artısı bozar hüznü. Yalnızlık olmasa bestelenir mi damardan şarkılar. Artısı dokuz sekiz, biri çalar biri oynar.

Eksi birde okunur kitaplar. Uzun uzun duvara bakılır satır aralarında. Notlar alınır kırmızı kalemle kitapların orasına burasına. Eksi birde anlar insan kıymeti, kıyameti.

Seyahat de bir başına edilmeli. İstediğin sokağa girmeli, istemeyince çekip gitmelisin. Görmeli, iğnelemeli, koşmalı, yatmalı, korkmalı, sızıp kalmalısın.

Eksildikçe

Camları sıkı sıkı kapattık
Perdeleri de...
Attığın adımı bileceksin, kaldırımlar buzlu
Kırmızı çekti dudaklarım
Âdetten değil soğuktan
Eksi birde artı bir miyiz
İki mi?
Bir mi üşüdük şimdi iki mi?
Kan damlıyor sorulardan
Camları sımsıkı kapattık
Perdeleri de... Neyse...
Medet umdum Cevdet Amca'dan
Çok mu yaşamış, çok mu yazmış
Bütün şiirleri bir kitapta toplanmış
Eksildikçe vuruyor başıma
Seksenlerden doksanlardan
Kurudu mandalina dalları
Bitsin, yoruldum bu havalardan

Yayla çorbası

Ana haber saati. Ajans. Ajan's.
Kadının biri sunuyor. Ana spiker o. Yoksa bu saatte ekranda ne işi var. Sesleniyor ulusal.
Omuzları dar, göğsü tahta, elmacık kemikleri hasta. Sanırım zengin de bir kocası var.
Yazık! Yemiyor mu ne? Hep aç, zenginler de fakirler de... Zengin süsünden, fakir kaderinden aç.
Orta halli, dayanmış gırtlağa. Sosla sosla göm. Haz karbonhidratta. Yemeyeceğiz de ne yapacağız bu hayatta.

'Ana Haber Kadın' nasıl da sıska. Canım yayla çorbası çekti onun çelimsizliği karşısında.

Haberi bırakıp girdim mutfağa. Yoğurdun içine bir yumurta, bir yemek kaşığı un katıyorsun. Çırpıyorsun. Bu yandan da çeyrek çay bardağı pirinci tencerede suyla haşlıyorsun. (Şu yazdığıma bakın, sanki pirinci bardakta kolayla haşlamak gibi bir alternatifimiz varmış gibi.)

Bu arada 'kulak memesi' tabirinden nefret ediyorum. Sanki kulak yiyecekmişiz gibi. Gözüme sarılar, kıllar, kanlar geliyor. Zaten bir türlü tutturamıyorum öyle kıvamları ama onlar tutturuyorlar. Tutturmam için ağız birliği yapıp başımın etini yiyorlar. Yamyamlar.

Baş oburlar!

Çorbaya ya şimdi döneceğim, ya da asla. Yayla! En sevdiğim çorba. Pirinçler haşlanınca yoğurt-un-yumurta karışımını ekliyorum, biraz su. Kaynayınca basıyorum tarhun otunu, naneyi, pul biberi.

Sünger gibi içiyorum sonra. Sıcacık.

Ona da içiriyorum çorbamı, içsin ki teselli bulayım.

Sabahtan beri yatıyor koltukta, çorbamı içireyim ki bir işe yaramış olayım. Kendimle gurur duyayım.

O da "başka yerde bu lezzeti bulamayacağını" yazsın aklının köşesine.

Malzemeden çalarlar restoranlarda, en pahalısından en ucuzuna. Ben çalmam. Adam gibi koyarım yoğurdunu. İçi geçmişini değil mis gibi kokan baharatları salarım üstüne. Kandırmam sahte tereyağıyla. Kalbe yararım.

İçsin çorbamı, içeyim çorbamı. Hiç olmazsa bu gecelik, eserimle huzur bulayım.

17.02.2012

Ne manası varmış

Aklıma geleni hemen not etmezsem bir daha kalemime gelmiyor. Uçup gidiyor.
Sonra düşün dur, neydi neydi. Bir türlü orgazm olamamak gibi bi'şey. Ha gayret; şimdi, şimdi, şimdi. Bu giriş benim gibi birine göre fazla seksi.
Aslında küfür kıyamet içim. Ağzıma geleni söyleyebilirim. Susuyorum. Yılda bir ya da iki kere sinirden patlıyorum.
Kodlarım sağlam. Koduğumun kodları.
Efendi, terbiyeli, saygılı, idareci olmaya kodlanmış duruşsuz kodlar.
Aynı kanaldan yürüyor etekleri pilili, saçları fönlü *pr'*cılar. Olması gereken her şeyi biliyor onlar.
'Algı-imaj', 'Türk halkı' denince uzmanlar. Ne yaparsan nasıl yırtarsın gizli çekim pornolarından, çaldığın paralardan, ırzına geçtiğin rüyalardan; biliyorlar. Hepsine bir kılıf dikiyorlar.
Arkadaşlarım çok kızdı bana geçen gün.
Bence dolaylı yoldan 'salak' dediler bana. Arkamdan konuşuyorlardır eminim: "Beş kuruşluk akıl yok bu kızda; bitti o, bitti."
Bitiş çizgisi neresiyse, onu oraya kim çektiyse, nereden başladımsa... Gerçi başladığımdan haberim olsa burada olmazdım ya.
Öyle şaşkın ördekmişim ki ben, basın danışmanım yokmuş. Kimselerin fikrini almamışım. Taktiksiz yürümüşüm. Samsun'a mı çıkıyorum kardeşim, ne taktiği, tabur muyum ben?
Bak diğer ünlü kadınlar ne becerikliymiş kriz yönetmede. Basını parmaklarında çeviriyorlarmış. Benim yap-

tığım neymiş ki onların yanında. Suçsuzmuşum amma velakin süzme geri zekâlıymışım, o kadar.

Dost acı söylermiş.

Kariyerim yerle bir olmuş, tek atımlık kurşunum kalmış.

Saksı kafalıymışım. Aşka kapılmışım. Bu kadar dürüst olmanın ne manası varmış.

Niçin konuşmamışım. Dut yemiş bülbül gibi neymiş bu halim. Şimdi nerelerde olmam gerekirmiş. Elin karıları nelere nelere sahipmiş.

Ben bak ne hallere düşmüşüm.

Konuştular, saatlerce dinledim, bir ara itiraz edecek gibi oldum, duymadılar, vazgeçtim, ses etmedim...

Hep onlar biliyorlar.

Kime neyi iddia edeceksin, kime neyi, hangi amaçla, hangi sonuca koşarak, niçin izah edeceksin?

Savunmak bana kendimi öyle aciz hissettiriyor ki. Sanki suçluymuşum gibi. "Ben yapmadım, ben yapmadım" dedikçe batıyor bu gemi. Ele yapışan sümük gibi geliyorum kendime. Yazarken bile içim şişiyor.

Ortalık ayak kokuyor. Sakatat kokuyor.

Keşke "Ben yaptım" deseydim şu Türk filmlerindeki kahramanlar misali.

Çıksaydım peşin peşin "Ben öldürdüm! Ben! Ben!" deseydim, gözlerimi doldurup yüce adalete sığınsaydım: "Suçum neyse çekmeye razıyım Hâkim Bey."

İşte tam bu sırada gerçek suçlu vicdana gelip mahkemede ileri atılırdı: "Nayııır, nolamaaaz, o suçsuz, ben öldürdüüüm, beeen, beeeaannn!.."

Sonra ben bu insanlık namına hareketten coşardım, salağım ya; "Nayıır Hâkim Bey, size doğruyu söylooorum, o değil beean öldürdüüm, suçumu itiraf ettim."

Vicdan geldi mi gitmez, gerçek suçlu çıktı yola bir kere, pes etmez: "İşte (mahallenin manavını göstererek) şahidim. Ben öldürdüm, o çok iyi bir kız, biraz cahil ama iyi. Ben öldürdüm, o masum. Kıskandım onu, çıldıreceğimi zanneddim."

Ve hâkim suçsuz olduğumu anlar. Ben mecburen suçsuzluğumu kabullenip gözyaşlarına boğulurum...

Ve ve ve küçük bir kız çocuğu mahkeme salonunun kapısından koşarak girer. Bukle bukle açık kumral saçları, kelebek desenli pembe elbisesi, sağ elinde oyuncak bebeğiyle... Küçük kızın arkasında gözleri nemli, duygulu, gururlu, fedakâr, beyaz başörtülü ninesi vardır.

Kız "Anneee, anneciğim!.." çığlıklarıyla bana koşar.

Ne annesi lan! Hoşşşt! Ben doğurmadım seni. Bu kadar Yeşilçam kafası yeter.

Anladınız siz derdimi.

Halka ilişiyorlar, tamircilik kartıyla dolanıyorlar. İlle de birilerini onaracaklar. Bir çivi çakacaklar. Onaracak bi'şey yoksa kat çıkacaklar. Kaçak maçak fark etmez.

Yahu burası tarihî eser! Sallamazlar.

Doğrunun kitabını yazdıklarından öylesine eminler ki. Gurularına ve gururlarına o kadar bağlılar ki. Sivri topuklularla yürümeye çalışmaktan burunlarının ucunu görmüyorlar.

Elâlemin hayatını parmaklaya parmaklaya tatmin oluyor kavruklar.

Saçma. Bu kadar özgüven hadsiz ve saygısızca.

Benim hayatım senin kafana uymayınca, benim sessizliğim senin sinirini bozunca mı bu yaygara?

Aşkolsun PR Abla.

Halka ilişeceğine biraz karışsana. Başka hayatlara açılsana.

En zayıf halka kim acaba?

Tostçunun magneti

Kendimi tanıyamıyorum. Kesinlikle asabım bozuk. Diğer yandan iki hafta öncesine göre Pollyanna sayılabilirim.

Sokağa çıkıyorum, yürüyorum, yazı yazıyorum. Cildim bile güzelleşti. Bugün Yasemin'e "İyi şeyler olacak kızım, hissediyorum. Bak valla her şey yoluna girecek görürsün, hele bir bahar gelsin. Şu Mart'a girdik mi tamamdır" dedim.

Gözümü bahara diktiğimi anladınız. Pazartesilerin suyu çıkınca, aybaşı ödenecek faturalar artınca, bahara adadım mumlarımı, ne yapacaktım ki.

Acayip umutlar fışkırttım bugün. Gözlerim bir-iki kere ışıldadı diyebilirim. Ondan bundan bahsettim.

Nerede? Bebek Otel'in terasında.

Yaaa gördünüz mü, Bebek Otel'e bile gittim ben.

Yani yıkandım, giyindim, ruj sürdüm, arabaya bindim, arkadaşımı evinden aldım, Bebek'e gittim, arabayı valeye verdim, başımı hiç öne eğmeden Bebek Otel'den içeri girdim, terasa çıktım, istediğim masayı seçtim, oturdum, çay söyledim, gülümsedim, hatta hızımı alamayıp yan masaya konan martının fotoğrafını çekip şu notla Instagram'a yükledim: "Martı kapıdan baktırır."

Çok iyiyim be!

Maşallah!

Gereksizim ama iyiyim.

Hem insan ne zaman gerekli olur ki? Yani kendini "Ben gerekli bir insanım, canım benim" diyerek sever mi? Severse niye sever?

Bak işte, üç haftadır gazetedeki köşemde yazmıyorum. Haftada altı günle çarp üçü, eder sana 18. Tam 18 yazım çıkmamış yani. Eee? Gazete şakır şakır çıkıyor.

Borsa da düşmedi.
Gazetenin önünde eylem yapan da olmadı.
Yazımı okuyamadığı için hastaneye kaldırılan vatandaşın haykırışını da duymadım.
Yahu Emin Çölaşan'ın yokluğu *Hürriyet*'te hissedilmemişse, Bekir Coşkun 'boza misali eski bir tattı, babalarımız bilir severdi, hey gidi boza hey'se ben ne olacağım ki? Tipi tip çiklet.
Hiç uzağa gitme, al sana Teoman. Müziği bıraktı, iki hafta patırtısı koptu, radyolar adam ölmüş gibi şarkılarını çaldı. Sonra?
Sonrası Halil Sezai ve Model'le devam...
Oğlum kimsenin 'gerekliliği' yok bu hayatta. Ona göre ayağını denk alacaksın. Ya da almayacaksın. Sen bilirsin.
Bak Whitney Houston'ın cenazesi vardı dün. Öylesine bir ses değil, 'o ses'ti. Saçmalık derecesinde iyiydi.
Eee? (Tikicesi: Sooo?) Otel odasında küvette, küvetin yanında soğan halkaları ve tavuklu sandviçle ölü bulundu kadın be.
Kusura bakmayın "be"ler, "oğlum"lar havada uçuşuyor, çünkü kaptırdım. Az sonra bi "ulan" da patlatırım.
Ben gereksiz olsam da, onlar 'gerekli'.
Whitney gitti. Amy gitti. Michael gitti.
Whitney'in yerine çoktan Beyonce gelmişti.
Amy'yi kim takar, Adele ve Lana Del Ray midir nedir (banko adını yanlış yazmışımdır), onlar var.
Onların yerine de başkaları gelir. Gelmez demeyin, takır takır gelir.
Kimse kimseye tutunmuyor, bağlanmıyor bu devirde. Israr yok yani.
Ulan millet hayatının aşkını; canını kanını verdiği, tükürüğünü içtiği, ağız kokusunda nefes aldığı kişiyi bile

iki günde *delete*'liyor hafızasından be! (Gördüğünüz gibi "ulan" ve "be" aynı cümlede düet yaptılar.)
Hangimiz 'gerekliyiz', 'olmazsa olmazız' sizce?
Hiçbirimiz. Haaaa tam da bu noktada başlıyor travma işte.
Çünkü ta içimizde 'gerekli olmak' istiyoruz. Çırpınıyoruz bize ihtiyaç duyulsun diye. Bizden sonra yemek yemek olmasın, güneş doğmuş sayılmasın, müzik neşe saçmasın, şuradan şuraya gitmek tat vermesin istiyoruz.
En azından bir kişinin demirbaşı olalım, bir kişinin dünyası allak bullak olsun bizsiz.
I-ıhh! İmkânsız! Üçüncü gün, beşinci gün... onuncu gün en iyi ihtimalle sadece tostçunun buzdolabının üstündeki magneti tutar fotoğrafımızı. İkidilligözüyaşlıkaşarlı söylerler ardımızdan, işte o kadar.
Hiçbirimiz gerekli değiliz, anladınız mı?
Varken iyiyiz, yokken eksik değiliz ve budur bütün meselemiz, algıladınız mı?
Katiller neden katletmiş, sapıklar neden sapıtmış, gündüz programları neden aptal, herkes neden çiftleşme derdinde, annemizin olayı ne, babamız neden uykulardan uyanamadı, kardeşimiz bizi bir kaşık suda boğar mıydı izin verilse, cümle âlem niye Madonna'ya âşık?
Tebeşir yiyip ateşini çıkarttığında etrafında istediğin dalgalanmayı yaratamayınca sinirinden ağlamış mıydın sen de? O adam sana değil ona âşık, niye? İnek gibi çalıştın, bu muydu karşılığı? Yan gelip yatanlarla aynı ligde değil misin yine?
Unutulup gideceksek, yer sıkıntısından mezarımızın üstüne mezar dikilecekse niye geldik lan bu âleme?
IPhone 4S kadar kıymetimiz, 5'i bekleyen kadar bekleyenimiz yok be.

Gereksiz

Geçmesin günler göz göze gelmeden.
Kokumuz özlensin.
Sohbetimiz beklensin.
Nazımız kucaklansın.
Ağzımızdan çıkacak iki kelime gökten insin.
İnmese de öyle sanılsın.
Herkesin bir alıcısı varsa,
Başyapıtı olalım birilerinin;
Baş tacı... dikili ağacı...
Bilirkişisi olalım dünyalarının.
Bizsiz söyleyemesinler, sevemesinler.
Sesimizi duymadan edemesinler.
Bizsiz dönmesinler. Dönemesinler.
Eksenleri kaysın.
Bir tane olmak, tek olmak istiyoruz.
Yokluğumuz koysun, varlığımız her eve lazım olsun istiyoruz.
Kolları yelken yapıp yürümek,
Seke seke yolları geçmek,
Yüzlere gurur dikmek,
Paylaşılamamak,
Sarma sarılmak, börek açılmak,
Camda beklenmek...
Tok karnına değil, iştahtan kesilesiye merak edilmek.
Çok şey mi istiyoruz?
Boyumuzu mu aşıyoruz?
Ne oluyoruz? 1, 80 mi?
Issız bir adaya düşseler yanlarına almak isteyecekleri üç şeyden biri olmak istiyoruz, birilerinin...
Anlatmak bu kadar mı zor.
Unutulmamak o kargaşada, o boyalı 1D haritada.

Öyle umutsuzuz ki... kucaksızız ki...
Çıkış yok!
Unutuluyoruz.
Boğula boğula unutuluyoruz.
Gereksiziz, anladınız mı?
Ve bunun acısını çekiyoruz.
Ve ısrarla gerekliymiş gibi yapmaya da 'başarı' diyoruz

19.02.2012

Pijama ilacı

Ağırlaşıyor gözkapaklarım. Omuzlarımda çocuklar tepiniyor. Yaşlanmış gibiyim. Boynum uyuşuyor.
Sağ elimin işaret ve orta parmaklarının ojesi çıkmış. Ne renk ki bu? Bordo-kahve bir renk. Hayır! Mürdüm değil. Çünkü moru yok!
Gördün mü! Sol elimin baş ve işaret parmaklarının ojesi de çıkmış. Ne çirkin. Ellerim de kurumuş soğuktan.
Çok şükür bugün ilk cemre düşmüş.
Ağzım yapış yapış. Konuşsam konuşamam. Bu mavi pijama da nereden çıkmış? Pijama giymem ki ben.
"Yatmadan yarım saat önce al" dedi doktor. Pijamayı değil, ilacı.
Yatmadan yarım saat öncemi nereden bileyim ki ben? Burası yatakhane mi? Sabah okul servisi mi datdatlayacak evin önünde? Yine annem kaynattığı sütü iğrenç kaymağıyla karıştırıp içirmeye mi çalışacak bana?
Uyku saatimi düşünmeyeli yıllar oldu. Çok yıllar.
Uykun gelir, uyursun.
İster üçte, ister beşte.

Ani çökmelerde onda, on birde.
Gelmezse uyumazsın.
Ne bileyim uyku saatimi.
Memurluk yapmadım ki. Masa başında çalışmadım ki.
Hem yatmam gerektiği zaman asla uyuyamadım ki.
"Uyumadan yarım saat önce al, işte bu da ilaç!"
Uyumlu olmaya and içtim ya ben.
Kimselere söylemedim ama öyle kararlar aldım-verdim ben, seni yenemedim ya ben. Tamam!
Benim de yarım saat öncesini bildiğim, belli bir uyku saatim olsun şu hayatta.

Herkes, her şey el ayak çektiğinde üç beş şiir okuyunca, televizyonda saracak bi'şey bulamayınca, yazı kafasına geçemeyeceğime inanınca alıyorum o ilacı.

Artık yarım saat sonra uyumam kimseyi bozmaz değil mi?..
Kitaplar, filmler, bilgisayarlar, kelimeler küsmez.
Bugünlük paydos edebilirim.
Mışıl mışıl uyumalıyım, mecburum buna, arada uyanmamalıyım çarpıntılarla, oturup duvara bakmamalıyım salondaki siyah koltukta.

Demiştim, bazı kararlar aldım ben... Şimdi sorsan neler olduğunu söyleyemem ama aldım.

Gözlerim buğulanıyor. Ellerim inatçı, yerlerini biliyor, klavyenin sultanları onlar, dans ediyorlar tuşların üstünde.

Durun artık! Gözlerim kayıyor. Bu neyin ilacıysa yatak odasına çağırıyor.
Tam da yazarken... Do, re, mi...
Başım başıboş, sağa sola çekiliyor.
Bir yudum su, su yok mu?
Göremiyorum. Midem bulanıyor.

Üç dört saat önce yemiştim üç erik kurusu.
Gidiyorum.
Şansım yok, uyku saatime gidiyorum.
Hoşça kal bugün, bir daha görüşmemek üzere.
Pijama giydiren devrede.

Tarçın etabı

Beyaz çarşaf, beyaz yastıklar, beyaz yorgan ve ben. Boğuşup duruyoruz. Saat 11.00.
Yok artık!
Bugün yatmaya bağımlı hale gelebilirim. Oysa psikiyatristim benim hiçbir şeye bağımlı olamayacağımı söyledi.
Şaşırdım mı? Hayır!
Bozuldum mu? Evet!
Birileri bana gemici düğümleriyle bağlansın isterken bağlanamayan ben miyim yani?
Siktir et. Ben böyle gerçeğin ta...
Ha bu arada söyleyeyim, çarşaf dediğin beyaz olur. Marilyn Monroe nasıl güzeldir beyaz çarşaflarda...
Temizdir beyaz. Yenidir.
Desenlere; lacivertler, pembeler, morlar, kahverengilere yatmayı anlamam. Onlar uyutur mu hiç.
Laf aramızda, benimki de aşırı uyku hali.
Kalksana!
Elimde kumanda, boş boş televizyona bakıyorum.
Sabah programındaki astrolog kadın da bana bakıyor.
Gölge attırdığı saçlarını tepeden yarım balıksırtı ördürmüş. Yaşı elliyi geçmiş. Kahverengi-krem renkli bluzunu sol omzundan düşürmek suretiyle dekolte vermiş.

Alt metin: "Güzel kadınım şekerim."
Anlatıyor programın sunucusuna.
Diyete ve spora Çarşamba günleri başlanırmış. Çarşamba başlandığında astrolojik olarak devamı gelir, sonuç alınırmış.
"Sakın Pazartesi ya da aybaşında başlamayın" diyor ellerini masaya vura vura. Kendinden o kadar emin ki, inanmış, yıldızlara teslim olmuş...
Biz bir bok değiliz, hayatın sırrı onun ellerinde.
Nasıl yani? Öyle işte, sana ne! Hadsiz! Dinle!
Mal gibi bakıyorum ekrana.
Tavandan yere göz süzüyor cümle sonlarında.
Çarşamba diyor Çarşamba! Başlamak için Çarşamba. Mesela o bütün kitaplarını (!) Çarşamba günleri çıkartmış. Bütün?..
Vay anasını.
Çok şükür bugün Perşembe! Yatmaya devam edeyim bari. Ezkaza dün yayına çıkaydı bu kadın, vicdan azabından geberirdim herhalde.
Aha! Gün değiştirdik! Cuma'ya sardı şimdi.
Sunucu sordu: "Aşk için hangi gün iyidir?"
Cuma iyiymiş. Venüs'ün günüymüş Cuma. "Mesela kocanızla aranız bozuksa Cuma akşamı yemek hazırlayın."
Hadise yemekle kalmıyor tabii. Akşamüstü çayınıza çubuk tarçın koyup için, içiniz temizlensin, sonra da tarçını atmayın, kurutup evde yakın, aşkınız perçinlensin.
Tarçın aşkı gazlıyormuş a dostlar, duyduk duymadık demeyin.
Estetik operasyonlar, güzelleşmek için yapılan çeşitli uygulamalar ve sünnetler için de Cuma günü olmazsa olmazmış. Cumartesi tekrar günüymüş, Cumartesi estetik olursan tekrar yaptırmak zorunda kalırmışsın.

Ya Perşembe? Perşembeleri de bereket bolluk için evde yenibahar kaynatacakmışız.

Bir bardak suya attığımız yenibahar kaynadıkça eve yayılan kokuyu takiben bolluk bereket olayına girecekmişiz.

Allah'ım bütün bunları nasıl hatırlıyorum, beynimin hangi bölgesini kilitledi bu kadın? Bu arada takdir edersiniz ki, stüdyodaki seyirci paralize olmuş halde.

Sunucu ne soracağını şaşırmış durumda, söylenenleri not alan yardımcı sunucu da "Şimdi tarçın aşk içindi, yenibahar da bolluk değil mi?" kıvamında hayati bilgilerini sindirmeye çalışıyor.

Ve ben beyaz çarşaflarımın içinde hoşafa dönerek izliyorum.

Son bomba patlıyor. Astrolog yarım saat konuşmanın ardından "Yalnız bu günler Mars, Satürn ve Merkür geri gitmediğinde işe yarıyor" diyor.

Hadi len! Ben nereden bileyim onların periyotlarını. Birinden birinin geri gitmediği mi var.

Dedim, "Ayşeeee! Ya şimdi kalkarsın, ya da bu tarçın muhabbeti, Fatih Ürek'le 'Hadee'ye, oradan Derya Baykal'la patatesten banyo paspası yapmaya, ardından elin kızlarının giyim derdine, sonra ver elini evlilik programı, derken *Fatmagül'ün Suçu Ne*'ye, en son da bitkisel hayata bağlar."

Can havliyle atmışım kendimi yataktan. Eşofmanları giydiğimle inmişim Boğaz'a. Kuruçeşme-Bebek'te yürüyüp iyota iyot dememişim.

Kar, kış derken bu tarçın etabını da kazasız belasız geçtim ya, artık kendimden ümitliyim.

Hissediyorum, olacak; hele bi Merkür'ü, Venüs'ü tutturayım, valla olacak.

Sıradaki!

Nasıl geçti?
Nasıl geçer?
Ne bileyim; iyi geçer, kötü geçer, 'eh işte' geçer...
Ama geçer.
O da geçer, bu da geçer.
Geçmese...
Geçmeyecekmiş gibi yapan bile geçer.
Herkes geçer
Hepsi geçer.
Öyle derler...
İyi midir geçmek?
Keşke kalsa bi'şeyler.
Birileri sabitlense, bazı duygular yüzüstü bırakıp gitmese.
Mesela hep özlesem seni.
Hep ödüm bokuma karışsa kaybedeceğimden.
Geçmese... Keşke geçmese.
Geçmese ki cesaretim cehaletten olmasa.
Geçmese ki denk alsam ayağımı.
Geçmese ki geçip gidemesem senden.
Elin oğlu, elin kızı olmasak bir akşamüstü.
Geçmese... Bir kere de geçmese!

02.03.2012

Aşksız ömür

Geri sayıyorlar.
Sanki Tanrı'lar.
Ömür biçiyorlar.
Utanmıyorlar... Hiç sıkılmıyorlar.
Nefesi nefisle karıştırıyorlar.
Boğaz'dan geçip gidiyorlar.
O'nu içmiyorlar.
Tıka basa yiyorlar ancak.
Aşkın ömrü üç yıl, anladık, tamam.
Peki, aşksız ömür kaç yıl eder?
Sormuyorlar, kaçıyorlar.

16.05.2013
Kadın Mektebi Sokak, Rumelihisarı

Testere, tezkere

Başlamak bitirmenin yarısı değil, ıstırabın dik âlâsı.
Bir kapı kapanır, diğeri açılır. İnandık. İnancı gevşek tuttuk, yarıda kaldık.
Bitirmenin yarısı yok. Biten bitiyor. Başlamanın acısı ağır. Başlamak bırakmak. Başlamak başkalaşmak. Başlamak direncini taşlamak.
Baş aşağı kaldım buralarda.
Başlamak âdetten. Neler yapıyorsun bugünlerde? Kovaladığın tilkiler kaç tane?
Başlarım ben bu işe.
Başla, bırak, başla, bırak. Özüm nerede? Özrüm nerede?

Hayatımın bir 'başlama' döneminde daha gururla durmalıyım ayakta.

Acayip gururlarımız var. İçi boş gurularımız. Kredi kartına beş taksitle gez gez bir bok anlama yurtdışı turlarımız.

Bizden nasıl bahsedecek torunlarımız?

Başlamak bitirememenin tesellisi. Utançlarından kurtulmanın testeresi.

Testere 1, 2, 3... Kurtulamadık gitti.

Çıkacak mı bir gün aynayla barışmanın tezkeresi?

Başlamak güzel değil çirkin. Heyecanlı değil gergin. Başaramadığının kanıtı başlamak.

Ulaşamadığının, arayıp da bulamadığının, kucaklayamadığının.

Başlayacağız yine. Başlıyorum yine.

Yenile yenile.

Istırabı yedire yedire.

Bulantı

Midem bulansın istiyorum... Keyfi yerinde, iştahı sağlam bir mideye tahammülüm yok. Ne çirkin.

Doyma fikrinden, "ohh doyduk"lardan, ardından yanında birileri varsa gizliden, yoksa açıkça koyvererek geğirmelerden tiksiniyorum.

Doymuş olmak doygun olmak değil. Doymuş olmak kendimi trans yağdan farksız hissetmeme yol açıyor. Oradan oraya bahtına ne çıkarsa transfer olan yağ. Yağ kafalar. Katı ya da yumuşak.

Vıcık vıcık kaderizm. Sökmez bize Kadirizm.

Midem bulansın istiyorum. Şöyle *blue blue...* Türkçesi, *mavi mavi masmavi.* Bulanık denizlere dönsün içim yani. Tuzlu, yorgun, kumlu.

Tedirginlik salgılansın midemde ama sizin mahallede yaygınlaşmış 'kaybetmenin' tedirginliği değil. Başarısızlığın hiç değil. Nasıl desem... bilmemenin, hiçliğin tedirginliği.

Hiç olsun midem. Bir hiçin midesi. İç edilmişin midesi. Lıkır lıkır içilmişin. Zırıl zırıl işenmişin.

Bedenimin merkezi "Yan gel yat" buyurmasın bana. Desin ki, "Kalk ulan, zorla. Git kus. Evet! Yerse, git kus! Yese de, yemese de kus. Tok tok sırıtma, gürül gürül kus. Belki temizlenirsin, abla kese ister misin?"

Rahat mideyle işim ne benim Allah aşkına. Hakkı yok kulların doymaya ve bunun gururunu taşımaya.

Nasıl doyarım ki ona.

Midem bulansın istiyorum. O yüzden içtim bu sabah iki gün önce bıraktığım antidepresanı. Anti-insan. Anti-korsan. Anti-vatandaş. Anti-alışık olmak istiyorum.

Yeter artık; yıka çık, bulaşık bulaşık.

Âşık olma zamanı geldi geçiyor aptalım. Âşıksın da kime âşık? Önüne gelen kendini beğenmişle aşık atıyorsun hani, neren âşık?

Sor sorularını, çıkart kalemini yaz sağa sola. Cevaplar kaçıyor. Koş yetiş. Her cevaba bir bonus can kazanacaksın alkışlarla.

***

Bilmem kaç bin fitteyim. Gidiyorum. Az önce uyandım. Uçağın en arka sırasındayım. En arkadan öyle uzun ve dar görünüyor ki uçağın içi. *Business* dünyası uzun ve dar zaten. Uzun, dar ve ince işler.

Karanlık, uzun, dar ve ince, iğne deliğince, delirince, omzunda belirince...
Pahalı, değersiz, uzun ve dar.
Hiçe layık olamayacak kadar çok işler. İşler de işler. Güçler.
Antidepresana ihtiyacım var mı benim? Kim söyleyecek ha?
Esasen psikolojimin farkında değilim. Sadece midemi bulandırmasını sevdim. İştahımı kesmesini.

Yanakları al al olmuş, besili, mutlu aile kızı, kocasının yandan yemiş kraliçesi, annesinin prensesi, arkadaşlarının eğlencesi, kışları Evin Ana stili, orta halli Cumhuriyet'in vasat Ayşecik'i noktasına varırsam kessinler fişimi.

Evet! Fişimi. Çekmesinler, kessinler. Katur kutur. Testereyle.

Fındık burnum, dolgun dudaklarım, masum beyaz cildim, ifadesiz kaşlarım kandırıyor gerzekleri. Kansınlar istemiyorum, yine de kanıyorlar. Kanmaya dünden razılar. Bana ne. Bana mı sordular.

Midem bulansın istiyorum, anlasanıza! Midem bulanmadan kendime gelmem imkânsız. Normali bu, anlasanıza!

O yüzden içtim antidepresanı yeniden. Dikenlesin beni, diksin. Elimi ayağımı çeksin lezzetlerden, tatlardan, tatlılardan, sohbet bilmez sofralardan.

Öyle bulansın ki midem, onu bulandıran her şeyi dizeyim ipe. Vereyim belalarını. Versinler cezamı.

Bulanmasına rağmen yazayım, bulanmasına rağmen içeyim şarapları, sonra hafızamı kaybedeyim ertesi sabaha kadar...

***

Yanımdaki adam bilgisayarında ne yazıyor? Ey yanımdaki adam, ne yazıyorsun nefes almadan?!
Gözüm takılıyor işte. Göz bu. O bulanmasa da olur. Lacivert takımı, mavi gömleği, bordo kravatı, minik bilgisayarı, kırlaşmış kıvırcık saçları, Rolex saati, sol elinde alyansı, dudağında 'şu işi nasıl kıvırırız acaba?' sorusu, parmaklarında yaz-sil olmadı kopyala-yapıştır telaşı...
Nece yazıyor bu 33D? Merakımdan bulantımı unutacağım, çabuk bakmalıyım, yoksa bulantımdan ayıracak bu plaza insanı beni.
İngilizceymiş... Oysa uzaktan Arapça, İbranice gibi gelmişti gözüme. İngilizce... Dört hece...
Hadi midem bulan. Aklımı dağıtma ona buna. Sadece seni düşünmeliyim ve onları. Bulandıranları. Bulanınca hatırıma gelenleri. Katillerimi, Tanrılarımı...
Ağız tadıyla adam gibi yazılmıyor, anlasana, nalına mıhına yaşanmıyor, akılsızca sevilmiyor. Bir bulantıya âşık olabilir miyim acaba?
Ağız tadı tuzak. Ağız tadı gerçekten fersah fersah uzak.
Ağzımın tadından caydım, yenilmekten, 'ben'den edilmekten, kendime karşı sürülmekten yorgun düştüm, düştüm, düşüyoruuummm, kendimi satıyorum, sa-tı-yorum, saaat-tım!
Ayağımın tozu... gözümün feri... elimin kiri... dizimin dibi... başımın eti... kalbimin sesi... bileğimin gücü... alnımın akı... burnumun direği... ağzımın tadı... E elinin körü.
Nasıl da şartladınız, kilitlediniz, odakladınız, zorladınız beni... Zorla neler neler hissettirdiniz.
Neyse, midem bulanıyor çok şükür. Derin bir nefes alabilirim bulutlara karşı. Camdan bakıyorum aşağıya... Verona'dan geçiyormuşuz... Bembeyaz dağlar. Karlı dağ-

lar. Nerede memleketimin karlı kayın ormanları... Korkarım karlı dağlardan. Midem de bulanmasa şuracıkta bayılırım, o kadar.

Karlar, dağlar... Anlar mı? Anlar...

05.12.2012 / 10.58
THY, İstanbul-Milano Seferi

Şampanya

Bi'şey mi kutluyoruz?
Benim niye haberim yok?
Yine mi kaçırdım?
Sona kalıp dona kalmaların biricik yıldızıyım ben. Donla kalırım, boynumda kordonla.
Madonna değil Maradona'yım... "O el Tanrı'nın eliydi, benim değil" desem yırtar mıyım?
Bi'şey mi kutluyoruz?
Ne bu köpük?
Pıtır pıtır içip tebrik mi edeceğiz birbirimizi?
Tekzip etmeliyim seni. Hayır! O ben değildim sabaha karşı köşedeki kafenin adamıyla sarmaş dolaş görülen. O ben değildim montsuz, kaybolmuş, gözleri şaraptan kaymış, saçı başı darmadağın.
O ben değildim kahverengi ceket omuzlarında. Kahverengi sevmem ki ben, giymem. Kahverengi giyenleri de arzulamam, hâlâ çakamadınız mı?
Ancak çakmaya kalkın bana. Aklınız fikriniz sik sokta... Sikin elin karılarını, heriflerini, bi ileri bi geri. Beş dakikada havlularla temizlenin. Ne terden anlayın, ne şehvetten, ne dölden, ne kokudan, ne seksten. Çalkalayın çenenizi, tükürün önünüze gelene başkasının göt me-

selesini... Çakar çakmaz çakın birbirinize de, çakamayın gerçeğimi.
Kahverengiymiş... Ben ve kahverengi...
Eee, bi'şey mi kutluyoruz şimdi?
Verin bir kadeh bari. Düzünden değil pembesinden, roze roze. Güllü dallısından, üze üze.
Bir kadeh öylesine.
Kutlayın kendinizi.
Günü gelince teker teker kutlayacağım sizi.

06.12.2012
Duomo di Milano

Geber!

Attığım her adımda çiğniyorum memelerimi. Üstü meme, altı kalp dedikleri yeri.

Sigarayı bırakalı oldu bir sene değil mi? Nefesim tıkalı, ciğerim kül seni gördüğümden beri. O sivri burnunu, yukarı dikilen akrep gözlerini, tam buğday ekmeği esmerliğini, öpsem ağzımı burnumu yakacak belli belirsiz sakallarını gördüğümden beri...

Günde beş paket sigarasın sen. Fosur fosur içiyorum, dipsiz bucaksız aptala döndüm ben.

Kemiklerini tepeden tırnağa sırayla kırmak, etlerinden sıyırmak, o küstah yüzüne jiletler atmak geliyor tam karnımın merkezinden.

Yok ol, kaybol, mum gibi eri, tüken mesela...
Kaldırımlara yapış çiğnenip tükürülmüş sakız gibi.
Nefesin tıkansın.
Dilin kopsun. Parçaların bir daha birleşmeyecek şekilde dağılsın.

Kavrul istiyorum, kavrul.
Kavrul da benim olma!
Asla o ihtimali binde bir bile taşıma.
Kavuşamadığım için âşığım sanıyorsun sana. Ukala.
Beni de çözdüğünü sanıyorsun itinayla.
Al sana! Âşık maşık değilim sana.
Sürün, aç kal, bir damla su için yalvar, her yanın hastalıktan kırılsın, konuşacak duvar bile bulama istiyorum, anlıyor musun?
Orospuların legosu, arka sokakların yırtık egosu anlıyor musun?
Âşık maşık değilim sana.
Aklımın tamamında cirit atma.
Ellerim olma, vurma bana.
Ayaklarım olma, gitme sana.
Sevdiğim, delirdiğim, aşkından alkole düştüğüm palavra. İğreniyorum senden baştan aşağıya.
Beni bildiklerimden uzaklaştırıyorsun, bu ne cüret!
Sen kimsin biliyor musun?
Otobandaki şerit
Tarladaki korkuluk.
Kâbuslarımda ayağımın kaymasıyla düştüğüm uçurum...
Bermuda Şeytan Üçgenimsin sen. Gözlerin, etli ve kansız dudakların.
O kopyala-yapıştır aldırmazlığın, o alaycı ellerin kolların, siktir gitlik kaşların beş para etmez karşımda, sökmez tokluğuma.
Sen kimsin biliyor musun?
Bir bok değilsin.
Sen kimsin biliyor musun?
Kavuşamayacağım değil, yanına bile yanaşmak istemeyeceğim paslı, ucu yamulmuş çivisin.

Kalpten Düşme

Uçaksın sen. Jetsin.
Uzay mekiğisin.
Kamikazesin.
Trafik canavarısın.
Seri katilisin mini etekli, küçük çantalı, *tweet* ceketli gelin adaylarının. O mağaradaki yarasaların liderisin sen.
Tam yaslandığında kendisini çekecek kadar nankör 'vazgeçti'sin.
Balo salonunda en şık tuvaletiyle süzülen kadın oturmaya kalktığında onun altından sandalyeyi çeken çocuk kadar kendini şakacı zanneden bir egoistsin.
Öylesine kansızsın ki yetmiyor, yetmeyecek emdiğin kanlar. Su içmesini bilmeyen susuz, akıl veren şuursuzsun.
Farkındasın karşındakinde olmayanın.
Mesela benim itliğine açlığımın. İtim benim. İd'im.
Yemem, ölürüm de yemem senden bir lokma bile.
Zaaf avcısısın sen, iblissin.
Yaygaracısın, düşlerimin gargaracısı... Öylesine kıskıvraksın ki nefret ediyorum senden. Korkmuyorum, nefret ediyorum buradan ta cehennemin dibine.
Şimdi geberir misin lütfen.

Özleyecek kadar vazgeçmedim

Noel şarkıları çalıyor tepemde. Hepinize mutlu Noeller. Çok mutlusunuz ya gerçekte. İtişip duruyorsunuz hediye paketleteceğiz diye.
Karşımda inşaat halinde Duomo di Milano. Pardon; tadilat, güzelleştirme.
Güneş vuruyor yüzüme, dört derece.
Sekizde sekiz yerle yeksan olsana hadi.

Sekiz de sekiz yüz seksen sekiz aklımı kaybetmeden ben. Hadi.

Işıklar, yeşil süsler, kırmızı toplar, hindiler, armağanlar zamanı dünyamızın.

"Özledim mi onu ne" diye düşünecek olsam, bedenime iğneyle zehir şırıngalanmışçasına sarsıntı geçiriyorum bir an. Verem oluyorum, AIDS oluyorum sanki.

Seni özleyecek kadar toptan vazgeçmedim duyuyor musun beni?

Öğlen vakti içtim, çok içtim, anasını satayım hâlâ içmekteyim ama vazgeçmedim; umurunda mı senin?

Özlesem seni şuracıkta hastalanır düşerim kancalandığım yerden.

Anca beraber kanca beraber duman olacağız biz. Yok olacağız biz. Sen ve ben.

Umur ya da dumur

Umur...
Tanımadığın topraklardan diğeri de o, değil mi?
Umur...
Çok zorda kalsa, mecburiyetle sıkışsa, gelse, hatta gele gele senin yanına sığınsa zavallım topallaya topallaya.
Umur...
Bu kadar umursuzluğa, şekilsizliğe, doyumsuzluğa, davul zurnasızlığa, misafirperverlikten yoksunluğa dayanabilir miydi acaba?
Umur...
Daralması mümkün olabilen duygu durumlarından mıdır acaba?

Dar umur, geniş umur, yüzde altmış umur, ucundan azıcık umur, kamyon kamyon umur, Kapalıçarşı umuru,

free shop umuru, bir kokteyl salonunda roze şarapla taçlanmış sosyete umuru...
Evet evet, bence de öyle; sonumuz dumur. Selametle.
Biraz "Still Got the Blues" Gary Moore, biraz ahlaksız tekliflerle Demi Moore.
Olur mu olur.
Umur ya da dumur. Kuduracaksan bari it gibi kudur.

Acı çay

Acı çaysın sen. Gecenin dördünde ben kusarken tuvalette saçlarımı tutup "Götünle içme" dediğinde taktım sana ben.
Boktan, götten, kusmuktan, salyadan, sümükten, tükürükten bir aşk aramızdaki, sidikli. Prim vermeye, 'Romeo ve Juliette'lendirmeye gerek yok.
Pisiz biz.
O kadar pisiz ki; yaz çiz, sen, sen, sen, yine sen.
Senden başka konum yok mu şu dünyada? Ne bileyim ben.
Acı çaysın sen... İlk yudumda püskürtür önüne gelen.
"Beklemişsin, içenin çıkmamış, unutmuşlar seni" diyeceğim, gönlümü dinlendireceğim ama kandırmaca, düzmece, deli gibi derdinle düzüşmece bunların hepsi.
Neden acısın biliyor musun? Çünkü acısın. Acı! Kara!
Tatlı bir tarafın olamaz senin yedi dünyada. Tadın bile tadı kaçar, kaba anlatımla.
Overdose'sun sen. Deniz aşırı. Boyumdan aşırı. Her haltın *over*.
Bende *game* zaten *over*.
Duysan taşakların boğazına gelir mutluluktan, zafer manyağı oluverirsin iki saniyede, hiç savaşmadan.

Sensel hayattayım burada da. Kilometrelerce uzakta, elin caddesinde, sokağında, yenilenmemiş otel odasında.
Allah belamı verdi sonunda.
Tensel hayatımın da sonu geldi sahiden. Seninle iyidik be sahilden sahilden.
Toplu katliamcımsın, hadi sebeplen, geril, kabarsın göğsün.
Gurur geberdi, tutku 46, şefkat siktirdi, anasınınkine geri girdi.

07.12.2012
Starhotels Rosa Grand, Milano

Tüm ihtimallerin sonu

Umutsuzluk günahmış kullara. Günahımı boynuna dola. Boğul. İste de ağlayama.
Ne hayal ediyorum biliyor musun, mesela şu anda, Aralık başında, soğukta, turuncu ısıtıcının altında, dantel örtülü masada, önümde beyaz fincanda kahve ve bir şişe su yarı yarıya... kalemim kâğıdımla seni düşünürken şu meydan kahvesinde, İtalya'da, bana doğru karşıdan karşıya geçsen.
Geçerken (vuslata erilmeyen o aşk filmlerindeki gibi) köşeden tam gaz dönen beyaz kamyonet ezse seni. Üzerine toz bile konmayan palton, bütün kış çıkartmadığın atkın, dar kesim pantolonun ve İtalyan ayakkabılarınla yatsan boylu boyunca yolun ortasına.
Dev devrilse. Devrik devime doğru kalabalığı yararak koşsam.

Kalabalık dediğim kız kalabalığı tabii. Dar elbiseli, boyum kadar bacaklı, 60 cm belli, uzun saçlı, sarışın kızlar ahalisi.

Yarsam hepsini, bana saygı duyup iki adım geri çekilse hepsi.

Alsam ellerimin içine yüzünü.

Gözlerini, hadsizliğiyle duygularımı oyan gözlerini açsan, yalnızca bana baksan.

O *auto show*, otomobil karılara değil, ilk kez gözlerini kaçırmadan kolaylara, yalnızca bana baksan... Son şansımız olduğunu bildiğinden yalnızca bana...

"Seni seviyorum" demeyeceksin elbette, korkma. Deme de zaten.

Mesela "Allah belanı versin" desen öylece bana.

Ben de "Siktir git orospu çocuğu" çeksem gözümden bir damla yaş bile süzülmeden. Kırılsa içim ellerimdeki sensizlikten... Kırılsa bir bir kalbim, ciğerlerim, dalağım, böbreklerim, midem... şangır şungur.

Ölsen.

Gebersen.

Finito yazsa nefesinle.

Bilsen nasıl mutlu olurum. Mesut. Bahtiyar. Çengelköy'den taptaze iki kilo hıyar.

İşte tüm ihtimallerin sonu bu. Çarpıldın, kan revan içinde kaldın, dişlerin döküldü, düşlerim söküldü, palton çamurlandı, karizman yerle yeksan oldu onca yıl sonra tam kılıcı kalkanı bırakmış bana gelirken.

Sana söylemiştim, bana gelmek kolay mı?

Seni beklemekten çıbanlar çıktı ciğerlerimde eşekoğlueşeğin evladı, nefes alamadım, görmedin, griptendi, gaiptendi sanki.

Kurdeşen döktü dudaklarım, sedef sedef oldu memelerim, kamburlaştı dimdik omuzlarım.

Güneşdeşensin sen! Güneşimideşen!
Ah, geçsen şu caddeden.
Şimdi Cafe Madonnina'da kahvemin son yudumunu ağzıma alacakken.
Yılbaşı ışıklarının arasından gözüme gözüme küfredip gitsen.
Andiamo!

07.12.2012 / 14.02
Starhotels Rosa Grand, Milano

Geçmişe geçmemiş

Burada 20.32... Paris'te kaç?
Hazzetmem Paris'ten, beş yıl önce karlar altında ateşler içinde kalmıştım. Ürkek, terk edilmiş, sürülmüş; esmer gamzelerden sebep sürünmüştüm.
Kaçışı bile havalıdır Paris'in, iyisi mi kaç sen, kıyın kıyın Paris'ten de kaç.
Dön dolaş kaç benden, ondan, isimsiz veledinden, derdinden, anandan, küçük mavi arabandan, misketinden, legondan.
Sabitleme hattını sakın, kaç.
Tek becerebildiğin kapkaç.
Seni düşününce çıkaramadığım çocukluk anılarım gıcıklıyor. Annem, babam, yengem, ablam anlatıyorlar. Geçmişe geçmemiş muamelesi. Sohbet bitmeye yüz tutunca deşecekler aynı "kutu kutu pense elmamı yerse"-lerimi.
Ne yapayım, biliyormuş gibi başımı sallıyorum iştahla süslü hikâyelerine. Bazen hızımı alamayıp gülüyorum bile. "Yaaa, vallahi aynen öyle."

Kandaşlarımın anılarını mı kıracağım be! Aidiyetim eksik olsa da, anılardan başka ne var ki elde avuçta.
Esasen hatırlamıyorum söz konusu tek kareyi bile.
Geçmiş dediğin bomboş gümüş çerçeve. Gümüşü paslı, kloroplastlı.
Bahsettikleri şeylerden öyle habersizim ki, evlatlık mıyım neyim?
Kendine evlatlık, anılarına cahil, doğumları ille de sezaryen... *Yâr saçların lüle lüle.*

Failed

Failed, failed, failed.
Deniyorum sabahtan beri, telefon yazıyor *'failed'* ille de, inadına, yorulmadan, büyük harflerle.
Şu anda fiyakalı bir fotoğraf bile yükleyemiyorum internete, sunamıyorum izinli röntgencilerimin hizmetine. Cümle âlem görsün, beğenen beğensin, beğenmeyen sussun, saflar belirlensin diye.
Elin karıları neler neler yüklediler, Pazarımı pazarda üç kuruşa satıverdiler.
Failed, failed, failed.
Başarısız! Beceriksiz! Çekimsiz! Güçsüz! Yüklemesiz! Havada asılı!
Failed, failed, failed.

Keki, kedisi, kendisi

Söylemek istediğim şeyler var.

Gerçekten söylemek isteseydim çoktan söylemiş olmaz mıydım diye düşünmekten söyleyemiyor olabilirim.

Aslında bir çuval şey olabilirim. Bir gece ansızın kafana geçirilip gözünü karartabilirim. Islak odunla dövdürebilirim, işkence bandosuyla dişlerini söke söke seni sorguya çekebilirim. Mecazen canım, mecazen.

Şiddetle şiddete karşıyım, söylemek isterim.

Zaten söylemek istediğim şeyler var benim.

Tek sorunum söylemeyi becerememekte, dile gelemiyor muyum ne? Ağzımdan çıkar çıkmaz parçalanıyor kelimeler, saçılıyor, saçmalıyorlar dört bir yanda. Değersiz küllere dönüyorlar. Toplamak için süpürge faraş lazım yani. Ortalığı kirletmekten başka işe yaramıyorlar.

Yazsam daha iyi galiba. Kiminin eli kiminin dili. Bir dilin sesi var, bir elin nesi? Denemesi. Dene deneyebilirsen haydi.

Yazacağım... biliyorum... ha bugün ha yarın...

Yazmanın zamanı yok, disiplini var. Domates soslu makarna değil yazmak; gir mutfağa, soy domatesleri, küçük küçük doğra, olsun bitsin 10-15 dakikada.

Cesaret yazmak.

Tek kelime yazmak dahi cesaret.

Söylemek istediğim şeyler var, yaza yaza. Okuyanın kim olduğu fark etmez, cümleler benden çıksın yeter.

İç dökme gibisine değil, bu sefer kurdeşen dökme gibisine. İtiraf süsüyle 'samimiyet' puanlarını toplama çabası çerçevesinde eteğimdeki taşları dökme gibisine de değil, böbreğimdeki kumları dökme gibisine.

Kafaya vurulan dökme teflon tava gibisine.

Dökülecek bi'şey varsa kâğıda, kanı olmalı kanı. Akacaksa akmalı.

Çişi olmalı, gecenin üçündeki Beyoğlu barları gibi kokmalı, malını masaya koyup aslanlar gibi işemeli, korkmamalı.

Dökülecek bi'şeyin varsa kâğıda; terini, tenini, sarkmış memelerini, selülitli bedenini, hasedini, hasretini, belanı, kazanı saklamamalısın.

Belki de seni ilgilendirmez ama söylemek istediğim şeyler var benim.

Usul usul her gittiğim sahilden çakıl taşları gibi cesaret toplayıp cebime doldurdum bugün için.

İnsanın götünü en çok sıkan şey, kendisi olmakmış meğer. Naber Şerafettin?

Ha bugün ha yarın... yazacağım... biliyorum... kesin! Net! Sesinizi kesin!

Bu gece üşüdüm, uçları kızarmış ayak parmaklarıma üzüldüm. Ve onların ellerine, eğrilmiş sırtlarına, yırtık çoraplarına, montsuz savunmasızlıklarına...

Kek pişseydi mutfakta. Mis gibi koksaydı ev. Mesela portakal, mesela vanilya.

Yemesem bile pişseydi mutfakta. Şişseydi, kabarsaydı soğuğuma.

Her evin keki, kedisi ve bir adet kendisi (*candy*) olmalı şu hayatta.

Söylemek istediğim şeyler var, dedim.

Var...

Artık yola girdim, söyleyeceğim. Müsaade benim.

12.12.2012
Topağacı, Nişantaşı

Ceza

Altı sene sonra ilk cümlesiydi...
"Dişim ağrıyor" dedi.
"Diş ağrısı, dişli bi'şeydir" dedim.
"Zorlu bir dönemdeyim, çok çalışıyorum" dedi.
Çalışmak zordur zaman zaman da, nesi zorludur diye düşündüm. Ses etmedim.

Belki de benim kelime takıntım. Ağızlardan çıkanı fazlasıyla duyma deformasyonum. "Zor" ile "zorlu" bambaşka algımda. "Zorlu" denince zaten uzay alışveriş merkezi gibi şehrimizin göbeğine dikilen, metrekaresi bilmem kaç yüz bin dolardan satılan o kıçyapıt geliyor aklıma. Zorlu o yani. Gerçekten zorlu.

Dike dike bitiremediler, o derece zorlu.

Gitmesi zorlu, gelmesi zorlu, orada olması zorlu, nefes alması zorlu, hadi girdin diyelim, çıkması zorlu, orada kalacaksın diyelim, ayakta durması zorlu, sona kalıp dona kalmak bir bana mı zorunlu?

Benim de var üç beş taktiğim. Örneğin içimden geçeni karşımdakinden saklamak istediğimde hemen kendime dönerim. İnkârım yok, toplum içinde ortaya karışık yanardönerim.

Zorlu günler geçiren arkadaşa "Zorlu dönemimi geride bıraktığımı düşünüyorum" dedim.

"Ne yapıyorsun?" diye sordu. Merak etti de mi sordu, sırası geldi diye mi bilemedim. Gerçekten ne yaptığımı merak edenleri yıllardır saydım saydım bir elimin parmaklarını geçemedim.

"Okuyorum, yazıyorum, düşünüyorum" dedim.

Üçü de meslekten sayılmazdı herhalde, cevapta gülen suratı yedim.

"Dişlerim de yapılınca yakışıklı olacağım bu gidişle" dedi.
"Gelişine yakışıklı olmak daha iyidir" dedim.
Güldü, güldüm.
Bir muhabbeti daha tutturamadım, sürüldüm ya da süzüldüm. İkisi de uyar.

12.12.2012
Topağacı, Nişantaşı

Tamam!

Soğuk, çok soğuk...
Aralık ortası normal.
Normal ama yine de soğuk, çok soğuk...
Hava durumuna bakanlardan değilim, bir tahminde bulunursam eğer dört, bilemedin en fazla beş derece derim.
Arka arkaya badem yemek zor geliyor çeneme. Tadı güzel ama dişlerim acıyor, damağım sanki haddinden fazlasını alıyor her birinde.
Çay içip yazılarla ilgili fikir alıp vermek ('fikir alışverişi' içime ağır geldi bu cümlede; bonuslu, taksitli, altı ay vadeli değiliz birbirimize) için buluştuk Cem'le.
Aslında o, evimin altındaki küçük, salonumsu, sıcak ve sevimli kafedeydi; ben de iki dakikada inverdim yanına, koltuktan kalktığım özensiz halimle.
Düşünürüm sonra, özenmek ne ve niye.
Konuştuk. Anlattım. Dinledi. Önerdi. Sordum. Filan.
Çaylar bitti, midesi sıcak çekti ama canı balık çorbası çekmedi. İki grisiniyi tırtıkladı, sigara soluklandı.

Taraflar kendi rızalarıyla kitaplarını, fincanlarını, televizyonlarını, bilgisayarlarını özledi ve evlere dağılmak üzere kapıya çıktık.

Soğuk, çok soğuk.

E, Aralık ortası normal...

Eşofmanım, bana kendimi gururlu bir evsiz gibi hissettiren kırçıllı battaniye kılıklı gri kabanım... Onun atkısı, paltosu.

Sarıldık.

"Bundan sonra bize iyi gelmeyen insanlarla görüşmeyelim tamam mı?" dedi.

Bu bir soru değildi. Bazen soru gibi deyişler olur en sağlamından.

"Tamam" dedim. Aradığım yerden gelen önermeye gülümsedim.

Evimin kapısına yürüdüm. Kapıyı açarken neye onay verdiğime fevkalade emindim.

Bundan sonra bize iyi gelmeyen insanlarla görüşmeyelim. Tamam!

Bu bir hor görme değil, çevremizdekileri yanlarına tikler atarak sınıflandırma değil, sadece yaşama sevincini kollamak amacıyla sınırlandırma.

Kabul et artık, annenin elâlemciliğini bırak; iyi gelmez birileri sana, sen de birilerine... Sakın kendini bi'şey sanma.

Ne bileyim; kokusu iyi gelmez, çayı üç şekerli içmesi iyi gelmez, susması iyi gelmez, susmayı bilmemesi iyi gelmez, tutkusu iyi gelmez, tutturması iyi gelmez, sükûneti iyi gelmez, baskısı iyi gelmez, hesabı isteyişi iyi gelmez, hesaplılığı iyi gelmez, geç hepsini, nefes alışı iyi gelmez.

İşin fırlama yanı da şu; misal, sana baskı yapan, yorgunluk, bıkkınlık veren, enerji katliamı gibi gelen kişi başkasına öyle gelmez.
Birileri birilerine iyi gelir, birileri gelmez.
Beklersin beklersin yine de gelmez. Aylar yıllar geçer, başkalarına gelir, sana yok! Gelmez.
Yollarınız birbirinize çıkmaz. Çıksa da çıkmaz. Çıksa da toz toprak. Kankiler, sankiler, belkiler, nahkiler. Hangisi uyarsa, işte o kadar!

Kişisel Suçluluk Yükleme Kurumu

Herkesi sevecekmişiz, herkesi bağrımıza basacakmışız, karşımızdakinde bizi iten, rahatsız eden bi'şey varsa bu bizim kendi eksikliğimizmiş, onlar bizim aynamızmış, meditasyon yapa yapa önümüze geleni sevecek, kabullenecek, hep sorumluluğu... (pardon!) sorunu, suçu kendimizde arayacakmışız.

Hadi len! İyi para kazandınız, sükse yaptınız, kitapçılarda rafları kapladınız amk.

Din dolandı, dostluk paydos, felsefe yan yattı, kitapları yakmaya bile gerek kalmadı, okuyan kim, Facebook'ta iki fotoğrafını *like*'layanla *best body*'sin, aile büyüğü danışma hattı, akıl hocası, aslan kocası falan çoktan nakavt.

O zaman hay hay buyursun gelsin, ortamı gersin kişisel gelişimciler.

Dünyadaki tüm sapkınlardan, travmatik kişiliklerden, nevrotik karılardan, uydurukçulardan, yandan yemişlerden, kalbi kötülerden, çamurlardan, yürüyen lağımlardan biz sorumluyuz amına koyayım. Az önce kısaltıp amk yazmıştım, şimdi şakır şakır amına koyayım.

Herif süzme megaloman, sadece benim değerlerime göre değil herkese göre tahammül edilecek tarafı yok, ne aynası ne cımbızı be.

Ya da yalancı, palavracı, dolandırıcı, tecavüzcü, hırsız.

Mecbur muyum elin manyağı, ruh hastası için meditasyonlara kapanıp pembe, beyaz ışıklar göndermeye.

Hayatımda hiç sorumluluğum yokmuş gibi onun saçmalığını, leşliğini üstlenmeye mecbur muyum?

Çamaşır basılan su muyum ben? Leğen miyim?

Tabii şipşak esir alma taktiği bu; kişiye ver suçluluk duygusunu, ele geçir dümenini.

'Kişisel Gelişim' değil bu, gizli gizli, yok canım anlayan için ayan beyan 'Kişisel Suçluluk Yükleme Kurumu'.

Anan baban özgüvenini hortumlar, sorumlusu sen. Boncuk gözlü küçücük çocuğu bile sevmeyi beceremezler, sorumlusu sen.

Arkadaşın kazık atar, sorumlusu sen.

Tacize uğrarsın, sorumlusu sen.

Ayağın kayar düşer, onda bile sorumlu, karı temizlemeyen belediye değil sen.

Sen ve senin duyguların, senin hayata bakışın, senin korkuların, senin aklında volta atanlar, senin arınması gereken iç dünyan...

Siktirin len!

Bu nasıl ağır bir yüklemedir. *Overloading*'dir. Beşizlere altızlara suni gebeliktir. Arkadan üstüne atlayıp yerden kalkamamacasına üzerine binmektir.

Bu hangi ayarda ve ayakla insanın özünü emmektir; emmeye de, gömmeye de doyamamaktır, sevgilerle ümüğünü sıkmaktır?

Ben yokum

Onu bilir onu söylerim, 'sevgi' kelimesini cümle içinde sık sık kullanan insanlar başlıca sikik insanlardır.

'Sevgi' kelimesinden nefret ederim, sırf rengârenk dönmedolandırıcılar yüzünden.

Şimdiye dek kim 'sevgi'li cümle kursa feci sevgisizdi çünkü.

Kim 'sevgi'den, 'sevilmek'ten bahsetse, geceleri uykumda dişlerimi tek tek kerpetenle söktü çünkü.

Mahsun filmleri gibi... Yerden kameraya yükselen içli içli mahzun bakışlar gibi bol soğanlı içli köftelerdi.

Anlatabiliyor muyum; 'sevgi' içi boş, başıboş, durma çoş, koş kırlarda, sen de koş bir kelime sözlüğümde.

"Dağılın lan, sevmeyin beni" dedirttiler nihayetinde.

Sevmeyin beni. Böyle olacaksa sevmeyin. Başka versiyonuna da inanmıyorum. O yüzden siz peşin peşin sevmeyin.

"Beni sevin, lütfen beni sevin, bana bakın"dan "Sevmeyin beni" diyen kadına geçit töreniydi son beş yılım.

Bando mızıka gitti, devir teslim tamam, plaketler verildi, birincilik ödülü sevgilerle babama gitti.

Tören bitti.

Sevmeyin. Sevmeyin beni.

Ben de zaten sevmeyi beceremiyorum sizi.

Sevsem de söyleyemiyorum, söylersem sevemeyeceğim sanki. Söylersem ellerimden kayar sanki. Kayar ve kıçıma girer.

Hem nasıl tarif edilebilir ki sevgi? Ne yapar ki seven?

Mesela merak ediyorum, özlüyorum, üstünü örtüyorum, yemekler pişiriyorum, yerken gülümsediği tatlıyı masadan eksik etmiyorum, hediyeler alıyorum, çaktırmadan onun için ağlıyorum. Bekliyorum.

Susuyorum. Kavga etsem de barışıyorum.
Dostlar tahammül ettiğimi sanıyorlar ama ben seviyorum. Seviyor muyum ben? Kendimce...
Neyse.
Sevgiden konuşmak sevgisiz kokuyor neticede.
Soğuk... Çok soğuk. Belki iki, üç derece.
Ellerim üşüyor kombili evde. Çevir düğmeyi ısınsın stili ama ısınmıyor meret işte.
Geçen kıştan iyiyim yine de.
Evde yalnız olmak, evde seninle tek kelime etmeyen, kol boyu mesafeden adını seslendiğinde kafasını çevirmeyen biriyle yaşamak zorunda kalmaktan daha iyi. Hem de çok daha iyi.
O kadar fazla "Ben buradayım!" çığlıklarıyla tepindim ki 33 yıldır, şimdi "Ben yokum"dan başka bir şey diyesim kalmadı.
Ben yokum bilinen ben anlamında. Bakmayın bana. Dikmeyin gözlerinizi adımlarıma.
Ezberinizi bozmak istemem ama bilmediğiniz gibiyim aslında.

15.12.2012 / 02.34
Topağacı, Nişantaşı

Değil

Yapraklar sarı, turuncu, kahverengi, solmuş ve ıslak. Uçuşuyorlar. Sağdan sola, yukarıdan aşağıya... İtiliyorlar, itişiyorlar, cama yapışıyorlar.

Yolum uzun, şehir içinde ama uzun.

Bizim şehrimiz uzun. Ben bir yerinde, sevdiklerim bir başka yerinde. Benim sokakla onların sokağının arası eksi dört derece. Cümlemiz 34'te ama neyimiz bir? O derece.

Yolum uzun. Kişinin tekrar etme hastalığı çözümsüz.

Aynı soruyu üç farklı şekilde nefes almadan arka arkaya sorduğumu fark ettim dün.

"Zeynep sigara içebilir mi? Burada içiliyor mu? İçsin mi sigara Zeynep?"

Al sana benden uzaklaşmak için aslan gibi bir sebep daha. Artıdasın yine, bu kıyağımı unutma.

Tekrar ettikçe emin oluyorum sanki. Altını çiziyorum. Okumakla kalmıyorum, anlıyorum, belliyorum.

Yolum uzun. Anladınız mı? Bellediniz mi?

Karnım şiş.

Parmaklarım kimin?

Direksiyon ağır, kanımda dönüp dolaşan yılan, Jägermeister. Memelerimi tartsam kaç gram gelir?

Şişim, şiştim. İçim, içtim. Ben kirim, sen kimsin?

Tam da iyi bi'şey yapmak istediğimde bozuyorum, parçalıyorum niyeti. Erken kalkmam gereken sabahın öncesinde kusana kadar içiyorum inadına, yarışır gibi.

Cenaze günü karıncalanıyor ellerim, telefonu tutup arayamıyorum ölü evini.

Gidecekken dönesim, kalacakken gidesim, âşık olacakken kapıyı yüzüne çarpıp kaçasım geliyor.

Unuttum gene uyanır uyanmaz not etmeyi, dün gece rüyamda gördüğüm neydi? Kötü müydü, iyi mi?

Dediler rüyalar önemli. Rüyamı yazdıktan sonra oturup içimin içinden geçene bakacaktım hani.

Yağmurlu, karanlık, uzun yollardan korktuğumu söylemedim sana... ya da başkasına.

Her itiraf insanın boğazına halat. Her açılım üç vakte kadar darbe.

Direksiyon kayıverecek sanki, fır döneceğim, yuvarlanıp gideceğim uçurumlardan, bir tır şoförü bulacak önce arabamı, sonra beni.

Ölmek sorun değil ama sana söyleyeceklerim de ölüp gidecek benimle. İstemiyorum.

Seni görmeden, sana varmadan, ermeden senliğe, erimeden senlikte siktir olup gitmek istemiyorum.

Allah'ın cezası yollar. Uzun, karanlık ve ıslak yollar.

Dikkatim yok ki vereyim. Bana "Dikkat et" denmesinden oldum olası nefret ettim. "Dikkat et" nasıl bir uyarıdır, duvara yakın mı yürüyelim?

Ben ancak lüzumsuza, lazımsıza, ete buda dikkat ederim. Eğ kafayı bak işte; sol memem sağ memenden daha büyük. Bu beni ne yapar? Bi bok yapmaz değil mi?

Ya sol gözümün miyop derecesinin sağdakinden daha fazla olması? O da bi bok yapmaz.

Peki, yürürken sola çekmem ne yapar?

Sol profilimin sağa göre kötü poz vermesi?

Haddinden fazla yürümeler ve ayakta kalmaların ardından sağ değil sol ayağımın ağrıması?

Ne yapıyor tüm bunlar?

Soldan yemişim, ne yapacak. Soldan soldan, solun merkezinden çakmışlar bana.

Gözlerim ağrıyor gördüğüm hiçliklerden. Hayır yanlış anlaşılmasın, önüne gelene bir tekme sallayan ergenlikten çıkamamış asiliği asalaklıkla harmanlamış, duruşu osuruşla, bakışı klavye arkasından çakışla karıştırmış sözlükçü kafasına girmedim.

Bambaşka benim hiçliğim.

Kimse hiç sen değilken, anlıyor musun?

Paltosunun yakasından başka bir halt kaldıramayacak o kel kafalı adam sen değil mesela.

Her şeye sahipmiş gibi özgüven patlaması geçiren özdentırsak herifler de sen değil.

Anlatacak çok şeyi ve bol seyircisi olan entel arsız da sen değil.

Kahkaha atılan sofraların alayı toplansa yine de senin ufacık gülümsemen değil, duydun mu beni?

En sevdiğim film en sevdiğim gibi değil.

Coldplay eskisi gibi değil.

Dudaklarım dolgun değil.

Saçlarım havalanmıyor artık.

Kusmaya içiyorum, bedenimden tiksinmeye yiyorum.

Yazdıklarım yazı değil. Köşeler dönülecek gibi değil. Dışarıda fırtına var, korkuyorum.

Uyku; diken diken bir zaman aralığı, onlarınki gibi mışıl mışıl değil.

Hem karanlık, hem yağmurlu, hem uzun bu kahrolası yol. Karşı şeritten gelenlerin farlarının Allah belasını versin.

Şu kıyamet kopacaksa kopsun da dağılalım. Zaten hiçliğin ortasındayım.

Adını bilmiyorum ama gözlerim yana yana, ellerim kırışa kırışa, ayaklarım uyuşa uyuşa özledim seni.

Ama özlenmek önemli değil. Olsan da olur olmasan da. Mesele yanımda olman değil. Hiç değil.

Mesele başka; boynum kaskatı, sigaralar söndürülüyor vücudumda, git git varamadım hâlâ... Sensizlik hiçlik de, senlilik belli değil.

20.12.2012 / 01.45
Topağacı, Nişantaşı

Her gece aynı

Her gece aynı. Uyanırım saat üçle dört arası. Sonra mı? Ne olacak, sabah altı...
Her gece aynı. Bıkmadı, bıkmıyor.
Uyu, uyan, uyu, uyan.
Uyku mu kalır?
Saat üçle dört arası yataktan çıkarım. Büyük olsa içim yanmaz, doksan metre karede oradan oraya dolanırım. İki oda bir salon.
Ve mutfak.
Dolaplar bomboş, git bak.
Kuruyemişler, bisküviler, çikolatalar... hepsini attım.
Ekmek bile yok.
Yemekten korkuyorum. Yemeden ısınamıyorum.
Uykuya dalınca gözüme gelenden korkuyorum.
Her gece aynı.
Dolapları açıp bulduğumu ağzıma tıkıyorum.
Bademler okşasın saçımı, lavaşa sardığım dil peyniri sarsın bedenimi, çikolata da öper dudaklarımı.
Her gece aynı. Kestim ayaklarını. Bıçakladım. Acımadım.
Artık her gece başka aynı. Boş dolaplarım. Dolanıp dolanıp yine yatıyorum.

Dedim ya her gece aynı. Bıkmadı, bırakmadı; gözyaşıma, tüysüz kollarıma, durmaksızın akan burnuma, alacaklı gibi atan kalbime bakmadı.
Bıkmadı, bırakmadı.
Her gece aynı.
Her geçit aynı. Her geçen aynı. Aynı.

20.12.2012

Sızım sızım

Dizim kanamış. Sabah fark ettim.
Öyle sabahları olur insanın. Genelledim mi? Olmaz mı yoksa? Genele vurup özelden yırtmak mı derdim?
Suçu elin kızıyla oğluyla bölüşmek için yine korkakça genelledim mi? Olmaz mı yoksa?
Özel değilim. Farklı değilim. Başka değilim. O cümlelerin öznesi hiç değilim.
Dizim kanamış. Sabah fark ettim. Bazen gece ne yaptığımı sabah fark ederim. Öyle fark etmeleri olur insanın.
Acıdı da baktım bacağıma. Kanıyordu.
Öyle şarıl şarıl değil. Gizli gizli.
Şarıl şarıl kanamaktan beter gizli gizli kanamalar.
Sızım sızım kanamak diye bi'şey var.
İçine içine kanamak.
Sızım sızım özlemek diye de bi'şey var.
Sızım sızım sızamamak var.
Sızım sızım kendin olmak da.
Kendinden sızamamak da.
İki öncekiyle bugünkünün, yarın belki de bir barda ya da arkadaşımın doğum gününde tanışacağımın farkı yok. Olmayacak. Olmadı çünkü. Olmaz.

Öyle bir noktaya çivilemişim ki kendimi. Bilmediğim bir zamandan beri orada asılıyım.

Ölecek gibi değil, 'öleydi daha iyiydi' şekliyim.

O görmüyor beni. Yani görüyor da şöyle, saçımın rengini görüyor mesela, iki ton daha koyultsam daha güzel olacağını iddia ediyor.

Ya da aldığım yüz gramı beş kilo olarak görüyor. Hep beş kilo fazlam var ona göre. Atamıyorum fazlamı.

O dinlemiyor beni.

Sesimden kalbimin kırıklığını çıkaramıyor artık. O anlatıyor.

O beni hikâyelerimle mi seviyor? Ona ne kadar konuşma malzemesi verirsem o kadar başarılı mıyım?

Ne zaman ona seslensem, bana bakmasını istesem duymuyor, elindeki aynaya bakıyor.

Sesini kesmeyi biliyor, diğerleriyle göbek bağını kesemiyor. Ellerin kıymetlisi, iki kilo yağsız kıyması.

Kıyamıyorum ona.

Ama...

Bakmıyor o bana. Aynaya bakıyor.

Ayna ona güzel olduğunu söylüyor. Belki de bana bakınca kendini güzel hissetmiyor.

Kafamı gözümü yardım! Bari buzdolabı poşetine üç beş buz koysa da şişlerimi indirse. Ona bile üşeniyor.

Çok şiştim. Çürük içindeyim. Anında çürürüm. Morarırım. Solarım. Bilirler değil mi?

Elâlem ne der?

Senin bende olmadığın günlerde, benim yaşamaya layık bulunmadığım yerlerde, ödüllerimden utanç duyduğum, sevişmelerimden kızardığım, kendimi aşk yüzünden kötü kadın sandığım, sandırıldığım, kandırıldığım, korkularımla doldurulduğum, Kadıköy-Bostancı seferi gibi arkayı dörtleye dörtleye aynı adamları seçip seçip gazladığım, yalnızlığıma sürdüğüm, son durakta el el üstünde kıçımın üstüne oturduğum ömrümde, saatimin sadece gecenin üçünü, başıma ne gelecekse en gücünü gösterdiği her nefesimde elâlem ne yaşar?

Kendimi dünyanın en dandik, sevilmeye en anti-layık hissettiğim, sevişirsem parası ödenmemiş orospu gibi ortada kalacağıma inandığım hayatımla ben kendime gaz vere vere bir haftayı daha çıkartmaya çalışırken elâlem ne yaşar?

Sevdiler, evlendiler, başardılar, sırtlarını sıvazlattılar, ayakta alkışlandılar, alkışın altında bir yanlışlık aramadılar, hak ettiklerine inandılar.

Çocuk yaptılar, tanışır tanışmaz yattıkları heriflerin kraliçesi oldular, iki gram akıllarıyla yılın bilmemneleri seçildiler, taş atmadılar ki kolları yorulsun, hazıra kondular...

Gecekondulardan kapısı güvenlikli siteler yaptılar. Adımı vermeden, daire sahibinden izin gelmeden giremedim, haberin var mı?

Baktın mı gözlerime?

Öflemeden, bi'şey beklemeden, istemeden, beğenmediğini belli etmeden, kıymetli onayını eksik tutmadan, kusurlarımı gözlerinle yüzüme tokatlamadan baktın mı?

Baksan görürdün...

Mesela bu sabah ağlamaktan şişmiş gözlerime baksaydın, gerekçelerime inanamazdın.

Anlatmaktan tükendiğimi, gelişine 'nasılsın'lardan nefret ettiğimi, iki ev ötende yalnızlıktan geberdiğimi biliyor musun?

Bilmek işine gelir mi?

İmajında yüzemedim boğuldum, iplemedin. Hedefin büyüktü, kilitlenmiştin.

İstemediğimi sevmiyorum, bu konuyu çoktan hallettim. Geçtim. Üzerini çizdim.

Emir kimden geldi, diye sormanın manası yok; kabul ediyorum, seni sevmemem imkânsız. Yoksa buna güvendiğinden mi varlığıma aldırmazlığın?

Kendine dönük şahsiyetler sever gibi yapmamalı. Onların suçu yok, şahsiyetleri müsait değil. Kodları başka. Koordinatları en yakın aynada.

Sana kızıyorum sanma. Kızmıyorum.

Benimkisi kendi kendine söylenme. Boşver, bozma akışını, kıymet verme.

Bu sabah uyandığımda dizim kanıyordu.

Nerelere attım kendimi hatırlamıyorum. Sırtım da ağrıyor şimdi.

Bütün gün burnum aktı. Salya sümük. Üşütmedim, ağlıyordum içime içime.

Edebiyat değil gerçek.

İçime içime.

Sızım sızım hallerdeyim sabahtan beri...

Öyle içtim ki, ona onu sevdiğimi söyledim. Seni seviyorum, şimdi siktir git. Aslında buydu tam söylediğim.

Anladığım kadarıyla hayatımın çıkaramadığım bir bölümünde değersizliğime karar vermişim.

Anneme test ettirmiş, babama onaylatmışım. Anneannem, babaannem, komşu ablalar da kafa sallamışlar.

Bu kızdan bir bok olmaz demiş kurul.

Duymuşum, DNA'ma yazıvermişim. Yazdığım ilk cümle bu olmuş yani: "Benden bir bok olmaz."

Evet! Gördüğünüz gibi sözümün eriyim, yazdığımın arkasındayım, benden bir bok olmadı.

"Seni seviyorum, şimdi siktir git" demek zorunda kaldım dün.

Âşık olduğum adama üstelik.

Uzun hikâye, anlatırım elbet, merak ediyorsan rakı masasını bekle. Tek değil duble. Az sulu, bol buzlu. Önce su, sonra buz. İçmesini bilirsen, ağır ağır. Dinlersen sabır sabır. Yaprak ciğerine anlatırım yaprak yaprak.
Öyle işte...
Dizi kanayan, favori dizisi olmayan, bir çift dizin dibini tanımayan, sebebi çok, yeri muamma, işin aslını anlatacak hali yok benin var senin.
33 yaşında. Topağacı'nda. Toptan fiyatına.
Sızım sızım...

23.12.2012 / 23.08

Tam da yırtacakken

Şehirden uzaklaştığında aklında kalan, kalbinde kalan mıdır?
Kalbinden uzaklaşabilir misin?
Dün gece gördüğün rüyadan neden uyanmak istemedin, hatırlamak ister misin?
Buz gibi dondurabilir misin kalbini? Hani hislerini yüklediğin o yeri?
Öfkeni, aşkını, yoksunluğunu, azlığını, elin tersiyle sofradan aşağı atılan kırıntılar gibi süpürülüşünü...
Merkezinde durduğun şeyi görmezden gelebilir misin?
Çekip gittiğinde ikametinden, onca yolu tepip bir otel odasına vardığında bavulunu açıp, buruş buruş ruhuna bakmadan yaşlanmaktan korktuğun için sabah akşam yüzüne sürdüğün nemlendiricini, diş fırçanı, tarağını, parfümünü hilton banyonun tezgâhına dizdikten sonra...
Paltonu giyip, her köşeden kalp kırıklıklarının dönmediği sokaklarda yürürken…

Meydandaki camları buğulu, garsonları ifadesiz kafede ille de taze çıkan, her defasında sana inat önüne konan aynı lezzetteki kahveyi yudumlarken...

Ona dair kokular, sesler, yüzler sağından solundan geçmezken...

Sen tam da sözümona çözüm yoluna girmişken... Çözülme, eğilip bükülmeme virajlarını gazı keserek usul usul almışken...

Tam da ondan, bundan, şundan arınmaya doğru emeklerken...

Tam da yırtacakken...

Sonradan ölme değilim ben

Karar vermiştim o pazar gecesi. Ağladıktan sonra sana, ardından sen ağladıktan sonra bana.

Alkolüme verip konuyu kapatacaktın da, yamanamayacak kadar orta yerinden yırtılıverdik, yarayı açıverdik beklemediğimiz anda.

Senin yerinde olsam ben de kaçardım âşık olan birinden, kafayı gözü yara yara, yardıra yardıra, toz pislik ne varsa kaldıra kaldıra.

Senin yerinde olsam...

Olamam ki... Mülteci değilim ki ben.

Neyin var gerçekten? Ta derininde neyin ıslak ya da neyin kurak?

Kalkıp gittin beyazlara, onu da alıp yanına.

O sanki bavul. Topla götür aç, topla götür aç, koy dolabın üstüne unut, sıkılınca indir, bir önceki seyahatten kalan etiketleri kopart, tekrar hazırla, topla, kapat, al yanına git... Karşımda hep aynı it.

Üç beş gün buralardan kaçınca, karlara yatınca, sağa sola kayınca toparlayacaktın hani? Hissetmeyecektin beni.
Ama neydi? Her katil olay mahalline dönerdi... Dönerse senindi... Ne bileyim ben, dönmekle ilgili dönmedolap bi'şeydi.
Daha gittiğinin üçüncü saati neden aradın beni?
Ey it!
Ey itim!
Ey itildiğim!
Bi'şey idim, bi'şey idin... Esasen ben böyle içine içine biri değil idim.
Şehrinden uzaklaşarak şerrinden uzaklaşabilir mi insan?
Hangi mekân ferahlık verebilir ki sana, hangi farklı toprak örtülebilir ki bana, yarama?
Göz görmeyince gönlün katlandığı aşklar yalan. Sahte. Palavra.
Onlar aşk değil, talan.
Duygu talanı, arzu talanı, bencillik talanı, 'benim neyim eksik' talanı. Olması gerekenler yerle bir ettiler dünyayı. Aslında hiç olmaması gerektiler.
Talandılar, tabansızdılar.
Gittin yüzlerce kilometre öteme, öteleyebildin mi beni?
Açmadığım telefonu 'kız tarafı nazı' mı zannettin?
Beni bilirsin, köpek gibi bilirsin beni, kız tarafı olamadım hiç. Kızın kendisi istemedi. Hiç.
Avuçlarımda çalarken sen, açmadım neden?
Sözünün eri bir yeniğim ben.
Sen yoksun, kollarım kopmuş yok, ayaklarım karıncalanmış yok, sevişmek yok, 'sev' de yok, 'iş' de yok, 'mek' de yok, İstanbul yok.
Derdimi beklemekten vazgeçenler anlar, sen değil.

Yokluğun yokluğunu bile bekleyecek kadar halden düşmüşler anlar, sen değil.
Telefonunu açmamam 'küçük kadın hesabı' mıydı sence?
Küçük olabilirim ama küçük kadın olmadığımı eşek gibi bilirsin sen. Daha çok dayak yemiş, babası akşamdan taze taze dövmüş ya da sövmüş, ne fark eder, ikisi de aynı...
Annesinin 'başa gelen çekilir' evladı, sınıfın en arka sırasında kızların mümkünse göz göze gelmemeye çalıştığı kadar ezik, üstü başı yamuk, burnu ıslak, varlığı inkâr edilmiş bir oğlan çocuğu olabilirim ben.
Sen yoksun, parmaklarım kırık, tırnaklarım yenik, dudaklarımın iki yanı salonun koyu kahve parkelerini gösteriyor, kulaklarım tıkalı, dirseklerim pul pul.
Aynı şehrin bok kokusunu teneffüs edemiyoruz bugün. Edemeyeceğiz yarın ve öbür gün. Ve öbür gün...
Sende dağ havası. Dağlar kızı Reyhan, herkes sana heyran. Maşallahın vardır yine.
Hadi söyle; telefonunu açmamam ne anlama geliyordu sence? Seni zaferinden mahrum bırakma arzusu mu? İki güne geçer mi?
İnadım inat mı?
Telefonunu açmamam ne anlama geliyordu biliyor musun, hiçbi'şey.
Açmadım. O kadar. Sebebi basit, bize ait olmayacak kadar.
İstemedim. O kadar.
Küçük kadın gibi değil, o oğlan çocuğu gibi.
Umudunu kesmiş, ummaktan usanmış, kopan kopsun diyen, umursamaz değil yapıştırmaya uğraşmaz, tutkalsız, dur-kalksız, indi-bindilerden tükenmiş, kırılacak kemiği kalmamış oğlan çocuğu gibi açmadım seni.
Çünkü açmıyorsun beni.

Kararıyorum görmüyor musun? Ağız tadıyla kararmama bile izin vermiyorsun.
Hâlâ arıyorsun. Yokluğuma hasretinden değil, kibrinin gafletinden arıyorsun beni. Aptal mıyım ben? Okumadım mı seni?
Arama.
Açmam.
Çünkü sana söyledim.
Oğlan çocuğuyum dedim.
Hiçlikten servetler yapabilirim. İstersem.
İstersem Sakıp Sabancı'sı olurum aşkın, istersem Arda Turan'ı, istersem Tarkan'ı. O yeniyetme, Youtube'dan bitme Justin Bieber gibi patlarım sanal âlemlerde. İstersem ağası, istersem babası, Sezen'i, ezeni, gezeni, düzeni olurum aşkın. Düzerim, dizerim düzenleri. İstersem...
İstemem.
İstemeyi bile istemem.
Arama.
Açmam.
Sonradan ölme değilim ben.
Arama. Ne açarım, ne kaçarım.
Sözünün eri bir yeniğim ben.

25.12.2012 / 18.07
Topağacı, Nişantaşı

Domates, biber, maydanoz, sen, ben, biz

Domatesi al, büyüğünü değil, cherry'sini, küçüğünü, sevimlisini.
Aldın mı?
Yıka domatesi. Donsun ellerin.
Kesme tahtasını al.
Yatır küçüğü, ortadan kes. Kestin mi? Aferin. Bir tane daha kes.
Parmaklarını keser gibi. Hadi kes bildiklerini. Kes! Olmuyor, olmuyor! Biçtiğin rol bana uymuyor, sana ait ne varsa üzerimden akıyor. Kes! Rolü değil, ipimi kes! Kaydı kes! Baştan çek!
Kırmızı biberi al. Top gibi olanını. Dolduruşa gelenini.
Aldın mı?
Yıka kırmızı biberi. Yıkansın ne varsa biberli biberli. Acıtma canımı artık. Dalga geçer gibi konuşma. Gülmemi bekleme artık bu geyik muhabbetine.
Hem tutkulu hem mumya, hem burada hem orada, hem yazda hem kışta, hem denizde hem dağda, hem sarıda hem siyahta olunmaz ki.
Hem vicdanlı hem namussuz olunmaz ki.
Severken sikilir de, bu kadar da sikilmez ki.
Sarılıp uyuduktan sonra hiç tanımıyormuşçasına aldırmaz durulmaz ki.
Yıka biberi. Yıka. Yıka artık.
Komşunun yedi yaşındaki oğlu bu sabah yanımdan geçerken üzerime yazdı: 'Yıka Beni'.
Yıkma! Yıka!
Koy tahtaya, enine ince halkalar kes. Bütün biberi doğra.

Göbek marulu, rokayı, semizotunu önceden yıkayıp kurutmuştun değil mi?

Hiç şaşırmadım, şaşırmadık, şaşırmadılar. Biz, seninle tanışma şerefine ulaşanlar.

Tam senin stilin. Klasik sensin.

Önceden yıkar, kurutursun her şeyi. Kökünden, karekökünden, sapından, özünden, alt kümelerinden. Sonra bir bakmışız ki çıkıp gitmişsin.

Başkalarının özneliğinden ölümüne tırstığını fark etmedik mi sandın? Sadece yüzüne vurmuyoruz. Yani en azından ben.

Hep hazırsın olacaklara. Hazır olmasan da hazırsın. Usta aşçılardan da iyisin. Malzemelerin dolapta karışmayı bekliyor sadece. Beş dakkada Beşiktaş.

Öyle tedbirlisin ki, son dakikada dereotunun yokluğunu fark edip o heyecanla manavı aramanın zevkini tatmamışsın.

Sen zaten manavı arayacak, manavdaki çocuğa adıyla hitap edecek, aranızdaki samimiyete sığınıp bir demet dereotu için onu yemek pişmeden iki dakikada eve koşturacak tip değilsin.

Samimiyet acizlere yaraşır, büyüklüğünle ancak gölgen yarışır. Dereotu zaten dört bir yanına bulaşır.

Tipisin sen. Hedefe kitlenen kızların tipi. Bankocusun. Kredi kartlarını seven kızların tipi.

Tipisin sen. Önümü görmem imkânsız.

Moda delisi, Chanel meraklısı, ince topukluların cambazı, seyahat etmek hobisi, kuaförü lobisi, Bebek'ten Nişantaşı'na gündüz kuşağı kulisi kızların tipisin sen.

Onlar da senin.

Tencere kapaksınız. Cuksunuz. İdealin dibisiniz siz.

Benim düz botlarımla, burnumun yanları kırmızı makyajsız suratımla, sonu gelmeyen şarkılarımla, evimin dört bir yanına yayılmış, yarım yarım okunmuş, orası burası çizik kitaplarımla, kaygılarımla, kayıplarımla, tuttuğumu bağrıma basışımla ne işin var.

Haklısın. Bence sen de haklısın.

Malzemelerim daima eksik. Limon tek. Buz desen ancak bir bardaklık çıkar sana.

Hazırlıklara alışkın değilim, yayında toplarız nasılsa. Ya da yanında.

Senin yanın toplamaz, istemem, yan cebime... Neyse...

Doğradın mı önceden hazırladığın yeşillikleri. Aman bıçakla değil ellerinle doğra. Vitamini kaçar.

Şimdi karıştır hepsini büyük kâsede. Koymuştum lavabonun altındaki dolabın köşesine.

Sık limonu. Dök iki kaşık sızma zeytinyağını. Tuzunu, kekiğini, nar ekşisini ekle. Karıştır. Adam gibi karıştır da birbirine geçsin lezzetler.

Biberler sen, domatesler ben, maydanoz onlar... Karıştır. Geçtik zaten iç içe. Onların salatası olduk iyice. Maydanoz salatası. Bol nar ekşili.

Bu gece ekşime başıma en güzeli... Derin derin kalkıyor midem. Özlem, hepsi özlem. Özlemden. Özlenmemekten. Kusasım var yaktığım mumlara.

Bu gece bir sen daha örme başıma.

Sabah eskimiş terliklerim gibi atayım seni sokağa, doldurup siyah çöp torbasına.

26.12.2012 / 19.13
Topağacı / Nişantaşı

Piçlik

"I will always love you" diyor şarkı.
Whitney değil, o öldü. Sıra Adele'de.
"Ne kadar uzakta olursan ol, seni daima seveceğim" diyor.
Cure'dan kürleniyor. Yazarımız o kadar emin.
Hatıralarım külleniyor.
Daima seveceğimi söylemiştim seni, sonra diğer seni ve diğer seni. Sen, sen, sen biliyorsunuz senliğinizi. Evlere şenliğinizi.
Seviyor muyum hâlâ seni, sonra diğer seni ve diğer seni.
Sen, sen, sen... Şimdi sana da *"I will always love you"* desem.
'Daima'ları garantilesem hain miyim yani?
Seviyor muyum hâlâ hepinizi, helvanızı kavurdum mu yoksa?
Lafımın arkasında mıyım, altında mı, arafında mı?
Kaç kişiyi 'daima' sevme hakkımız var?
Bir mi?
İki mi?
Hiç mi?
Böyle şarkıları dinleyince hissettiğim şey piçlik desem garip mi?

04.01.2013

İzimdin, düşümdün

Dönmek istediğimiz yerde unuturmuşuz bi'şeyimizi.
Bilinçdışı şeysi... Nesi? Sesi, eylemi, isyanı, açılamayan pankartı, Taksim Meydanı, TBMM önü soyunması, kabuk kabuk soyulması, ışıksız sorgulaması.
Masanın başında ben, yandaki sandalyenin üstünde atkı.
Senin boynuna doladığın.
Buram buram kokan. 212. Avrupa yakası.
Siyah. Yüzde yüz yün. *Made in Italy*. Louis Vuitton. Siyah etiketinin üstünde bakırla yazıyor; kuru temizleme lütfen. Sadece kuru temizleme.
Kuru kuruya gidiş bu gidişim, hayırlısı.
'Hayır'sızlığımın hayırlısı. Öyle geliyor kalbime. Kuru kuruya bu gidişim. Pilavsız kuruya.
Asıla asıla. Patlıcanla, biberle, sarmısakla. Kurutula kurutula.
Aramadım bugün seni. Koca bugün.
Bugün kocadır, dün kocamış, yarın sevgili.
Düşünmedim değil. Düşündüm elbet seni. Deseler bana, aklından geçeni tarif et. Edemem elbet.
Düşündüm işte. Çalışırken önümden geçmiş gibi. Bir varmış bir yokmuş gibi.
Öyle enine boyuna değil. Kaşına gözüne değil. Düşündüm işte.
Sanki yan odadaymışsın gibi detaysız düşündüm. Ehemmiyetsiz. Ehliyetsiz.
Düşünmek doğru kelime değil, affedersin.
Düşürdüm seni.
Elimden, dilimden, sözümden, fikrimden düşürdüm. Yataktan düşürdüm. Odamdan düşürdüm. İşerken tuvalete düşürdüm.

Saçma gelebilir belki; çocukken karnım doyunca önce pişmanlık duyar, sonra üşürdüm.
Düşürdüm seni düşürdüm.
Annemin kıymetli vazosu gibi değil de, yolda yürürken düşürdüğüm cebimdeki bozuk para gibi. Ekmek gibi değil de, üzerine satırlar karaladığım peçete gibi düşürdüm.
Anla işte, öyle düşündüm.
Akşam yemeğinde çorbaya limon sıkıp sıkmamayı bile senden fazla düşündüm.
Seni çorbanın içine düşürdüm. Elimden kaydın, yere düşürdüm. Karşıdan karşıya geçerken düşürdüm.
Sandalyenin üstünden tütüp bütün eve yayılan bu kokuya dönüştün. Evime yayılan bu kokuya.
Sonra camı açtım, kokuyu da düşürdüm.
Sen dönene kadar ne varsa düşürdüm. Düşünmedim. Sadece düşürdüm.
İzimdin, düşümdün.

İki bin iki göz

Yazdıklarımı başa dönüp okumanın faydası yok. Eksikliğimi yüzüme vuruyor başa dönmeler.
Başım dönüyor. Başarısızlık daireler çiziyor. Sonu gelmeyen vertigo.
Odalara kapanmak, ışığı açmamak geçiyor içimden.
İşin aslı, içime sıçasım geliyor.
Dün düşündüğümü bugün düşünmemin anlamı yok.
Delik deşik ediyor düşünceler. Kevgire döndüm anasını satayım. Dönüp dolaşıp aynı yere bağlanıyor düşünceler. Tıkanıyor. Açılamıyor. İçime saçılıyor.

Dedim ya, içime sıçasım geliyor. Ortalığı bok götürüyor.

Yazdıklarımın Türkçe meali yok. Yazıldıkları gibi okunmalarının imkânı yok. Kaç kişi karşısındakini olduğu gibi görebilir ki?

Kaç kişinin sadece iki gözü var ki. Sadece kendisine ait iki gözü. Hepimiz iki bin iki göz. Öküzgözü. Kırmızı. Elazığ yöresi. Boğazkere. Gördük bin kere. Saniyede yirmi dört kare.

Aşka meşke çekilmesinden korkuyorum sözlerimin. Bu gece budur mesele.

Sözlerimin birilerine yapıştırılmasından, birileriyle kısıtlı algılanmasından korkuyorum. Ayakaltı bezi yapılmasından. Aslıyla mesafelenmesinden.

Yazdıklarımın ilişmelerle alakası yok.

Bana otobüs durağı muamelesi yapan adamlarla alakası yok.

Aralarla alakası var. Olmayanlarla. Akılda kalanlarla. Aramayanlarla. Kırmızı bültenle aranlarla...

Arsızlarla değil rahatsızlarla. Tereddütsüzlerle alakası var yazdıklarımın. Tek başına ağlayanlarla. Gocunmasızlarla. Gocuksuzlarla alakası var.

Geçmişle değil, geçirmişle alakası var.

Ama bunu anlamalarının ihtimali yok.

Kitabı başa dönüp okumanın faydası yok. Oradaki kız aslında yok. Buradaki de yok. Onlara göre olan şey zaten toptan yok.

Yaz köşesi de yok, kış köşesi de, ortada su şişesi de.

04.01.2013

Oje

Kırmızı ojeli tırnaklarımla oje sevmeyen adamlara tutunduğumu,
oje sevmeyen adamların süs bebeklerine tutulduğunu,
kısa tırnaklarımın uzunlara mağlup olduğunu,
ojeler, tırnaklar ve erkekler üçgeninde tutunamadığımı,
sevdiğim adamların kırmızı korkusunu, derin derin burnuma gelen kan kokusunu,
sevişmeyi bilmeyen yılın 'en' seksi kadınlarını,
leopar desenleri, parlak rujları, kalem elbiseleri, parlak çantaları, file çoraplarını,
anasının oğullarını, babasının kızlarını,
french ojeleri, direnç öpüşleri
yazacağım kafamı toparlayabilirsem... Annesinin kırmızı ojesini sürmüş ilkokul çocuğu misali kısa tırnaklarımdan gözümü ayırabilirsem...

Hiç önemli değil

Geç kaldın... Hiç önemli değil.
Şu koltukta saatlerce bekledim, gelmedin... Olsun, hiç önemli değil.
Gitmek istedin... Git, hiç önemli değil.
Tam sana yaslanmışken kendini çektin... Olur öyle, hiç önemli değil.
Söz vermiştin, unuttun... O da hiç önemli değil.
Yalan söyledin, ucuza sattın, dışarı attın, takasladın, daha iyisi için makasladın, kötülüğüme inandırdın, çir-

kinleştirdin, acizdir damgası vurdun, aklıma fikrime haciz getirdin.
Hiçbiri önemli değil.
Öyle dedim.
Âdetim bu, öyle derim.
Etsem etsem bi sigara ederim.

Kırıl git

Ağlayarak uyanırım bazı sabahlar. Gözümde yaş olmasa bile sabah da, ben de biliriz ağladığımı.
Gözümü açarım yastığım ağlar, yataktan kalkarım ayaklarım... Tuvalete giderim ayna yaşlı, mutfakta bekler kahve makinası.
Evin salonu karanlık, perdeler dumanlı. Ne gün ister beni, ne ben günü.
Anlayarak uyanırım bazı sabahlar.
Anladığıma ağlayarak.
En derin şeyleri hep 'nihayet' anlarım ben. Nihayet ağlarım.
Sonra elimi sürdüğüm, yüzümü dönüp baktığım ne varsa ağlar benimle. Köpeğim camdan cama koşup havlar.
Ağlayarak uyandım bu sabah. Bazı sabahlardan bir sabah. Geçmiş güldürüyor mu seni? Güldürmeyi geçtim, gülümsetebiliyor mu bari?
Geçmiş yalnızca sızlatıyor beni. Burnumun direğini, göğsümü, midemi, parmaklarımı, tenimi.
Geçmiş hep bitmiş. Aslında bitmişler sızlatıyor beni. Değneksiz yürümeye çalışan bir topal gibi. Ağır aksak, dengesiz ve tedirgin.

Hasta geçmiş, hasta. Koltuktan kalkmakta zorlanan babaannemin bel ağrısı gibi feci.
Olmamışlar dikiliyor geçmişte. Parçalanmışlar. Ciğerimin yarısı geçmişte, temiz hava sahası kimde?
Bazı sabahlardan bir sabahtı bu sabah. Salon sustu, mutfak kaçtı, yatağın sağ tarafı hiç bozulmamıştı.

Oturdum masanın başındaki siyah kumaşlı ahşap sandalyeye, farkında olsaydım ne giydiğimi de söylerdim ama dikkatsizim uzundur kendime.

İki elimin arasına aldım başımı, topladım ayaklarımı; sanki acıklı bir filmden kare. Prozac Ayşe'si hoş geldim.

Bir türlü inemedim, sanki doğduğumdan beri yetersizlik seferindeyim. Her seferinde eksiğim, yetersiz ve yetkisizim.

Dün gece oraya gitmeyecektim. Çağırınca gelmeyecektim. Dizinin dibinde başımı okşamasını beklemeyecektim.

Ayna!
Kırıl git, bana öyle bakma.
Anla!
İnmem mümkün değil ne ilk durakta ne son durakta.

Artık

Artık biriyle konuşmam gerek.
Konuşmazsam, ağlamazsam, şu an durduğum yerden kalkıp başka yerden bakmazsam parçalanabilirim.
Artık birine danışmam gerek.
Artık birinden yardım isteme zamanı. Kimse bu kadar dik durmamalı. Tek başınalığıyla övünen sağlıklı mı, sağlam mı, mutluluk sağar mı, öznesine sağır mı, ortada kalmış sığır mı?

İlgiyle ilgisiz

Koltuğunda öne doğru eğildi ve kocaman boyalı gözlerini daha da kocaman yapıp açarak, kırmızı ceketi, arkadan toplanmış siyah düz saçlarıyla kendinden emin, yüzüme bakıp 'akut depresyon' teşhisi koydu bana.

Bu teşhis çok koydu bana.

Depresyonu değil, akutu. Depresyon kutu kutu. Aile kutusu, sevgili kutusu, iş kutusu, arkadaş kutusu, mahalle kutusu, medya kutusu, müzik kutusu.

Kutu kutu pense elmamı yerse.

Yalnız uyuyamıyorum da ben. Evde tek başıma kalınca gecede beş altı kere uyanıp dolanıyorum da ben.

İşte sırf bu yüzden gidiyormuşum ona. Uyuyorum diye yanında.

Benim ilgi sandığım ilgiyle ilgisizmiş meğer. Doktor öyle dedi. Birinin birini araması 'ilgi' anlamına gelmezmiş meğer.

Aranmak az şey mi?

Çok değilmiş meğer.

İnsan insanı arar sorarmış, bunda abartılacak, kabartılacak, yakalara aşkı meşki sökmüş gibi kırmızı kurdeleler takılacak bi'şey yokmuş meğer.

Aramak tek tuşla *yes*'miş meğer.

'İlgi' üzerine düşünmediğimi fark ettim bugün. İlgiyle ilgili gerçeklerden haberim yokmuş.

Konuya ilgisiz alakasızmışım. Başım kelmiş. Ayağım çıplak.

Bir 'alo'ya dörtnala koşmam bundan sebepmiş. Akutmuşum.

Depresyonmuşum. İnkârıma reaksiyonmuşum.

Ne bileyim ben.

Kendimden ne anlarım ben.

14-16.01.2013

Cool'un eğilişi

Gecenin körü... elinin... neyse, kafayı kırmak istemiyorum.
Araba sürdüm oradan oraya, şehrin hayhuyunu yara yara. Hay huy! Ayrı da yazılabilir, istersen birleştir. Alınacak bir tabir değil. Rahat yani, kendi halinde, kendine kalabalık, kendine kaos, bırakılmış, dağınık kalmış bir tabir.
Korkma! Gücenecek değil. *Cool*.
Cool'a girmişken, '*cool*' denilen neyse işte o hiç *cool* değil.
Kul köle bir vaziyetten başka şey değil.
Kulübün kenarında sinirli sinirli durana *cool* diyorlar, asosyaller de *cool*, şuradan şuraya kılını kıpırdatma, taşın altına aman elini sokma, geç klavyeye ona buna salla ol sana *cool*, her boka karşı ol ama boş çuval misali durmaktan başka işe yarama, duruş muruş, görüş, tavır hak getirsin, bok götürsün, bak görürsün, hah işte o eşittir *cool*.
Arsızlık da *cool*, tembellik de *cool*, iletişimde beceriksizlik tümden *cool*, empatisizlik elbette *cool*, çözüm peşinde koşmadan sorun üretme hastalığı da *cool*.
"*Cool*'unuza sıçayım hepinizin e mi" çıkışını yaptıktan sonra Yıldız Tilbe'den nağmelerle devam etmek isterim: "*Sen de mutlu olma e mi, sen de sev sevilme e mi*".
Gecenin körü... Herifin saça saça bitiremediği dölü. Döl babam dolaş.
Attı kendini Moskovalara. Sığamadı buralara. Rus kadınları hastalığı. İnce hastalık. Minimum 1,80. Biz yine yattık 2,80.
Erkeklerin salak olduğunu düşünüyorum. Sinirlenmeyin, şurada açık açık konuşuyorum.

O kadar tercihsizler ki tadımı kaçırıyorlar. Macera sıfır, özgün çalışma arasan da bulunmaz. Tercihsizler diyorum işte, bireysel tercihleri yok onların. Onlar, ötekiler, ötekileşmek istediler, anneleriyle ötelendiler.

Biri de çıkıp etli butlu, tombul bacaklı bir kıza âşık olduğunu itiraf etsin. Edemezler. Yakışmaz. Şanları şalvarlanır. Olmaz.

Aynılıktan ayna oldu dört bir yan. Pat küt çarp kafayı. Aynılardan usanmamak deliliğin dik âlâsı. Ya da daniskası. Lapiskası. Kapuskası.

Gecenin körü... Doğum, batım, kuzeyim, güneyim onun teri, eli, kokusu, dölü.

Özlemekten nefret etmek... bu kimin rolü?

Gittim sokaklarda hızla. Damla içki koymadım ağzıma, kafam güzel ama... Nasıl güzel anlamadım da, sormadım da.

Güzel gibi güzel değil, üzer gibi güzel. Garip güzel.

Özlemekten nefret etmek beni mi onu mu üzer?

Moskova sokakları İstanbul'un neresine denk düşer?

Gittim caddelerde hızla. Daha da bassam gaza ölür müyüm şuracıkta? *"Trajedisiz aşk nedir ki? Sonsuz sonsuz değil ki. Anı yakalayalım, anda ölelim"* diyor fonda çalan şarkıda.

Yüksek aşk var mı dünyada? Onda? Öyle bir cesaret var mı? Var mı öyle bir uçuşma.

Gecenin körü... Sigaranın masaya düşen külü...

Kimse yeterince kimse değil.

Orospular yeterince orospu, düzgünler yeterince düzülmüş değil.

Yapıştık kaldık birbirimize, yeterince açık değil.

Özlemekten nefret etmek... bana göre sandım ama değil. Özlemek kabuldür, kabul.

Babamı özledim bugün, işte bu hiç olacak iş değil. Sonra onu özledim. Sonra içimdeki salağa sardım, tokadı bastım, insan en çok kendine adaletsiz.
Adi insan, adi, iktisadi, ekonomik hislerinde, devamlı histeride, istemede. Gözünün önündekinin, burnunun dibindekinin, kulağında çınlayan sesin, parmağının ucundakinin farkında değil.
Öylesine programlı, öylesine kurulmuş, öylesine müfredata sadık ki, ne zaman aslına final yapacak belli değil.
Gecenin körü, evimin önü. Açtım kapıyı, girdim içeri. Ne içerideki ne dışarıdaki ben değil.
Özlediğim, beklediğim o ama o esasen 'o' değil, orada değil, bende değil.
Ey kul, *cool* olma, biraz da eğil.

20.01.2013 / 04.18

Pardon, bakar mısınız?

Geçen yaz kendinden geçerek, hem çizip hem silerek geçmiş, süzülerek günbatımında kaybolup gitmiş gibi.
'GİRİLMEZ' levhası düşmüş işte, bilemedim. Can sıkıntısı, mide büzülmesi, kafa dağınıklığı, ne aradığını bilmezlik ellerimdeki.
Ocak soğuğuna karşı koyamam ya, büklüm büklüm anasım var bi'şeyleri.
Anırasım, anasını satasım, babasını pataklayasım.
Benden, derinden, o koydan koy koy koymak istedim bi'şeyleri. Bardağım hiç boş kalmasın istedim. Lıkır lıkır içeyim, midem bulansın, kusayım, yerlerde yatayım, sabah günışığı yüzüme vururken unutarak, o tarifsiz, dibi-

ne kadar tamirsiz yokluk hissiyle gözlerimi açayım istedim.

Arşivdeyim.

Yüreğin yeter de girersen arşive, 360 derece sanal turunu atarsan, tam tur arşınlarsın özlemleri, avuçlarsın kırgınlıkları, aslında bugün hiç de söylememiş olmak istediğin ama ağzından çıkıp ortalığı darmaduman etmiş, tek yön giderine o cümleler çınlar odada.

Sen bilirsin. İster misin?

Pardon, bakar mısınız, adınız neydi sizin, baş harfini göğsüme yazmış olabilirim. Gözlerime bakmak ister misiniz?

Bağı sorulmayacak üzüm

Yazdım, yazmıştım, yine yazardım.

Fırtına gibi âşıktım. Ben fırtına, o tek kürekli kayık. Alabora ettim şiddetimden. Kazayla, istemeden, fark etmeden kırar dökerim, sanırım kötü biri değilim.

Öyleydim ki sana ben Ağustos'ta öğle güneşiydim, yudum yudum çarpan sek rakıydım, en diri üzümlerini vermiş bağındım.

Verimliydim, topraktım, suydum, denizdim, tuzdum, kumdum, çakıldım, mimozaydım, sarıydım, begonvildim, pembeydim, meltemdim, lodostum, ayaklarına sokulan dalganın beyaz köpüğüydüm...

Aşkın gece yarısıydım.

Geleceğimizin façası. Yaraydım, yararsızdım. Katıksızdım, katılımsızdım.

Sebebini sormaya, cevabı almaya hazırlıksızdım, sustum konuşmadım, kararsızdın sen bana. Yüzünün sağı daima karanlık.

Ne tam güldü dudakların, ne parlayabildi birden iki gözün.

Bir heves denize atlamış, eğlence bitince havlusuz kalmış, her yanı ıslak, omuzları titreyen, mor dudakları takırdayan çocuklar misali duygular. Anlıyor musun? Pardon! Anlatabiliyor muyum?
İki gözümdün, özüm. Bağı sorulmayacak üzüm.

Yara bandı

Parmağımı kestim bugün...
Bıçak elimdeydi, bibere doğruydu. Kırmızıydı. Bıçak değil biber.
İlk kestiğim dilimde anladım canımı yakacağımı.
Bu bıçak bu bibere fazlaydı. Uçları haddinden fazla kalındı. Katır kuturdu. Biberin canı ne kadardı.
Anladım ilk dilimi kestiğimde.
Kesilecektim hassas yerimden, parmağımın ucundan kesmiş gibi yapıp köküme kadar deşecekti bu bıçak.
Parmağımı kestim bugün... Duydun mu?
Nereden duyacaksın, saçma. Yalnız kenarı kırık ekmek tahtası duydu olan biteni. Saniyenin bilmemkaçta birini.
Bilemem ben o saniyeleri, bölünmeleri, dörtteleri, altıdaları, üçteleri, birleri.
Bilirim ancak üçün birini. Terbiyesiz miyim? Evet öyleyim. Hayır! Hiç değilim.
Bilirim gücün birini. Yokluğun enini. Bitmişin boyunu. Tereddütsüzün enlemini. Savrulmuşluğun boylamını.
Parmağımı kestim bugün... haberin var mı?
Katur kutur, bile bile, göz göre göre, ağır çekimde, John Woo'dan çıkma karelerde.

Parmağımı kestim bugün...

Herkes keser. Ama bu parmak benim. Anlıyor musun derdimi?

Herkes kendi parmağının ucundan akan kanın derdinde, anlatabiliyor muyum çektiğimi?

Elden ayaktan düşe düşe, şişelerce şişe şişe düşüyorum sana.

Tüm meselem bu aslında.

Sanki başka mesele yok. Sanki başka tasam yok. Bütün gamlar sen, bütün tonlar sende, bütün münazaralar senin üstüne, bütün adımlarım senin gölgende.

Sanki başka endişem yok.

Sanki hiç kesilmedim göbeğimden. Ciğerimin merkezinden. Hiç yarılmadım, yarılanmadım, biçilmedim, siyah kumaşa mor iplikle yamuk yumuk dikilmedim.

Kayıtlara yanlış geçmesin, kesilmekte kıdemliyim. Kalanları üzerime uydurmakta profesyonelim.

Bunca yıl ne yiyip ne içtim...

Tüm meselem bu aslında.

Onlara sıradan, bana sonradan. Sen!

Ayağım kaymış, yokuş aşağı yuvarlanmışım say beni. Çok korkmuşum, koşmuşum say.

Sağ baştan say, ortadan girme bana. Oramdan hiç girme.

Ortamdan bir hikâye değil bu. Sana rağmen değil. Ortalama asla!

Allah rızası için ortalama bizi.

Ortadan yürümekten sıkıl biraz. Usan arkadaşların gibi olmaktan. Bana arkadaşını söyle, ben sana kim olduğunu söyleyemeyeyim.

Sigaraya başladım bugün.

Başlamadım demek yalan.

Bir yıllık açığı kapatır mıyım bir günde acaba? Öylesine dumanaltı. Marlboro'su, Kent'i, *light*'ı.

Light'mış... Ancak kola *light*, yoğurt *light*, sigara *light*, peynir *light*.

Biri çıkıp da söylesin peynir, yoğurt niye *light*?

Her şey çok ağırken, ben gözümü açamazken, açtığımda gördüğümü taşıyamazken peynir, yoğurt niye *light*?

Kimin için *light*?

Kimi *light*'latıyor peynirle yoğurt. Yiyeceğin iki dilim, üç kaşık.

Neremize iyi geliyor, hangi gafletimizin üzerini kapatıyor?

Ayakların yere basarken uçamazsın.

Uçamazsan kavuşamazsın.

Kavuşamazsan sarılamazsın.

Sarılamazsan anlayamazsın.

Anlayamazsan koklayamazsın.

Koklayamazsan bağrına basamazsın.

Bağrına basamazsan âşık olamazsın.

Âşık olamazsan sen olamazsın.

Bi halt olamazsın anlıyor musun?

Âşık olamazsan, olduğun sandığın hiçbi'şeyi olamamışsın demektir.

Hadi uç!

Parmağımı sardım bugün... yara bandıyla. Aç çekmeceyi, çıkart kabından, çek jelatinini, sar parmağına. İşte o kadar basitti.

Bitti.

"A Song for the Lovers"

Kemanlar giriyor. Acı acı... "A Song for the Lovers".
Âşıklara şarkı. Alın ulan âşıklar size bir şarkı.
Kemanlar giriyor. Göğsüme göğsüme.
Bir otel odası. O 'sen'le 'ben'i sıkıştırmayı beceremediğimiz, iki şımarık çocuk gibi hep ve de ille aynı yastığı çekiştirdiğimiz, Nişantaşı'ndaki çatı katı.
Sigaran yanıyor elinde, küllükte, fikrinde.
Sigaran senin parmağın sanki, bilen bilir. Düşünen parmağın, karar veren parmağın, itiraz eden parmağın, anlayan parmağın, depresyon parmağın, kafa karışıklığın.
Sigaram sönüyor her nefesimde.
Özlüyorum seni, tam özlemek gibi değil de, karnında taşıyıp hiç doğuramayacak olmak gibi... Tuhaf... Şimdi kapıdan çıkıp gitmişçesine hep burada kokun.
Tırnağı dışa dönük çakma dolmakalem misali kısa parmaklı ellerin ellerimde sanki. Vallahi.
Ellerin sonra saçında, kavuşmuş göğsünde, öper gibi omuzlarımda, bacaklarımda, karnımda.
Özlüyorum nefesini.
Geceleri uyuyamıyorum yokluğundan sebep. Nefesin eserdi boynumda, kulağımda, dudaklarımda, "Uyu" derdi, "Buradayım" derdi... Senden sonra bir T.C. vatandaşı olarak öyle uykusuzum, uyruksuzum ki.
O oda... âşıkların odası... Fonda hep âşıklara özel o şarkı. Kemanlar girip çıkıyor acı acı. Gitar çalıp kaçtı son sahneyi. Tokadına, inadına, yumruğuna, şerefime, geçmiş aşkların şerefsizliğine, yarılmanın müsaadesizliğine oynadığımız o son sahneyi.

O oda... ve şekerli sakız kokusu... iki kahve fincanı... kahve makinası... burnumun dibinde biten fotoğraf makinaları...

Hiç söylemedim sana, beyaz tişörtlerin yeterince beyaz değildi. Özgüveni tescilli değildi. Boyun on santim uzasa bile yetersizdi. Küçüktün doğuştan, 1,90'a da varsan.

Çektiğin fotoğraflar var ya, onlar da pek iyi sayılmazdı. Ben abarttım, çocuktun inandın, en iyisinin sen olduğuna inanmazsan ortadan ikiye çatlardın, çatlasaydın çevrende ne varsa çatlatırdın, geri kalmazdın sen, kalamazdın, kalakalmaktan ölesiye utanırdın.

Su alamazdık. Alırsak batardık. Kaptansızdık. Pusulayı kırmış, kafasını kopartmıştık. Bata çıkaydık. Çıkamazdık.

Biz önümüze ne gelirse kanatmıştık. Yolmuştuk. Yormuştuk. Birbirimize yorulmuştuk. Topak tutmuştuk.

"A Song for the Lovers"... Bu şarkıyı her duyduğumda yığılsam, yok olsam, içi çekilerek ölsem.

Tek tek camdan içeri süzülüyor öfke...

Daha fazla düşünmek istemiyorum seni, kafamda bağırıyorsun "Keşke, keşke..."

Kes be!

Sonra yazarız... ya da susarız... gelişine... gidişine

Hisar'dan inerken...

Yürüyorduk Hisar'da. Sen önde ben arkada, sen solda ben sağda, ben önde sen arkada... Esasen ben hep arkada...
Yağmur yağıyordu. Soğuktu. Neredeyse Şubat'tı...
İniyorduk Hisar'ın merdivenlerini.
Sen önde ben arkada... Saçlarım uçuşmuyordu. Şemsiye'nin altında tek başımaydım. Mal gibi. Ne zaman yağmur yağsa tek başıma kalırım. Mal gibi...
Alışkınım. Şu naylon şemsiyeye duacıyım.
İlk inişimizdi Hisar'dan...
Siyah yağmurluğunun altına gizlenmiştin. Yok, yanlış! Gizlenmemiştin. Başka bi'şey etmiştin.
Ben şemsiyenin altında halka açıktım. Sen tamamen bireysel. Beysel. Bensel. Beyinsel. Yalnızcakendimiçekerimcell. Dün akşamkinden farklıydın. Bilemedim nereye asılıydın.
Yağmur yağıyordu Hisar'da. Akşamın ilk saatleri. Toprak kokuyordu. Yapraklar ayaklarıma dolanıyordu. Sen korkuyordun. Santimleri, metreleri, alçıpanları, seramikleri düşünüyordun. Ordan oraya çarpıyordun, kemire kemire topluyordun, bölmede küsuratlara bakmaz, bölünene acımazdın ama çıkartmada aslandın.
Tırsaktın. 'Tırsak aslan'dın. Günlerdir taslaklar aşamasındaydın.
İlk inişimizdi Hisar'dan... Bilmiyordun. Bilsen de bilmiyordun. Fark etsen, içinde hissetsen perişan olurdun. Mazeretsiz topuklardın.
'İlk'leri kaydetmeye başladığında başlar aşk. Seninle İstanbul'un en güzel merdivenlerini iniyorduk. Bilmiyordun. Ne bilecektin şimdi...

"Neden?" diye sorsan söylerdim, belki havam olurdu; "Kuzeyden gelecek saldırıları önlemek için yapmışlar Rumeli Hisarı'nı" der yürümeye devam ederdim. Belki öne geçerdim.

Geçmezdim. Geçemezdim. Senden öteye koşmuyor ayaklarım. Gölgende tıkandım... Soldan sağa akamadım.

Kendine *hit* süsü vermiş berbat şarkılar gibiyim. Git. Git'im. Göt gibiyim göt. Götüm.

Fâilâtün / Fâilâtün / Fâilâtün / Fâilün

Gel

Gel.
Her şey tuz.
Tuz ve buz.
Tuz olunca daima ellerimde buz. Burnumda cızz.
Gel.
Sen de, ben de yokuz şimdi, şurada, şu anda, tam da burada. Varmış gibiyiz ama yokuz aslında.
Çekinme gel. Geriye çekilme.
Herkes buz. Tuz ve buz.

Küstah ve ezik

Esaslı soru şu; beni tanısaydın sever miydin?
Yanımda olman beni tanıdığın anlamına gelmiyor.
Mesela üç buçuk atıyorum günlerdir.
Korkular içindeyim. Aklımda takla atanları kovuyorum, dumanı dağıtıyorum, üflüyorum, çelmeler takıp çalımlar atıyorum; nafile.

Kaygılar içindeyim. Karlar. Kaygan yollar. Tepetaklak yokuşlar.

Cümlenin hakkını vermiyor onlar, terazileri şaşırmış, değerleri salınmış, ağzından çıkanlara kalpleri tıkalı, laf olsun aşkları onlar ama ben seni çok seviyorum.

Nereye gitsem burnumda, göğsümde, dudaklarımda, ellerimde sürüklüyorum seni.

Haberin yok halimden, zannedersem görecek gözün de yok. Gizli gizli titriyorum, her geçen gün perde biraz daha açılıyor sanki. Sonunda çırılçıplak kalacağım besbelli.

Ben gibi.

Neysem o gibi.

Korkulu, kaygılı, kırılgan, âşık, yalnızlığına alışık, ortaya karışık... Birkaç haftaya dımdızlak kalacağım karşında biliyorum. Sevildiğim zaman sığınıyorum. Sağırlaşıyorum. Sağlamasızlaşıyorum.

İşin aslı, bende arzuladığın, onda bunda değil sadece bende bulduğun o kadını, kafa karıyı bombalamaktan korkuyorum.

Aslımın görünenden farklı olmasından değil, kavuşmanın doğasından.

Kendime bile anlatamıyorum derdimi. Şifremi unuttum, koordinatlarım kayıp. Aklımdan geçenler şu tarzıma ayıp. Yazık bana yazık. Engel olamıyorum.

Hangisi benim? Sana kavuşmakla evimde başlayan bu endişe fırtınası da neyin nesi.

Kavuşmak hani güzeldi. Konuşmak, anlaşmak, sarılmak, karnına kafamı koymak...

Üç ay bekledim seni. Hiçbi'şey beklemeden bekledim. Öylece durdum, izledim.

Demledim demledim de içmedim.

Aklımdan en ufak bir plan geçirmedim. Baktım sana. Sevdim seni. İçtim. Fondipleyip kafayı bulmak için değil, pisliğine değil, mış gibisine değil, gün batarken bir bardak cin tonik gibi içtim. Ağır ağır. Sonunu görmeden... Kavuştum sana. Nihayet. Yanında durmak sanki ibadet. Ama aşk dediğin bilinmezlikten ibaret.

Cevabı belirsiz. Bu yakınlaşma neye delalet?

Bu kadar sık görüşmek sence felaket, bence bereket. Gerçekten özlediğin an basıp gidersin sen. Şu âna kadar ödün kopmadıysa üç vakte kadar gelecek o hareket.

Yağmur yağdı bugün. Arabadaydım. Hisar'da yokuş çıkarken kaydım. Yağmuru düşündüm. Sonra bizi.

Çiselediği zaman en tehlikelisi. Şöyle şakır şakır yağsa sorun değil, yağsak dineriz, yağsak biliriz, yağmurda da yürünür, insan önünü görür, neydi o film? Yağmurda da şarkı söylenir, dans edilir.

Çiselediği zaman en risklisi. Grisi. Bizden gerisi. Tavrı belirsizi. Dikkat etmeli.

En iyisi hiç çiselememeli.

Ya yağmalı ya açmalı. Aralarda durmamalı. Araflara taraf olmamalı.

Bertaraf etmeli tabanları, eskiden kalan tavanları.

Kavuşmanın ritüelini bozmalı.

Kaybetmenin tahammülsüzlüğünü egodan kopartmalı. Aşkın egoyla işi var mı?

Olmamalı.

Esasen tırstığım şu; beni tanısan yine de sever miydin?

Hem kız çocuğunu, hem dişisini, hem cesur yüreğini, hem yağmurda kalmışını kabul eder miydin?

Sevildiğini bilsen kırbaçlar mıydın beni? Başıma gelen sanki duygusal Çin işkencesi.

Şöyle de değerlendirebiliriz: Sevilmenin küstahlığı var, sevmenin ezikliği. Ne diyeyim, aşkın azizliği.

Derin Köpek

Sen yoksun, deprem. Usul usul sallanıyor çevrem.
Sen yoksun, uğultu... Beni buraya kim koydu?
Sutyenimi patlatacak sanki bu zelzele. Üç dakika kırk katına, midem ağzıma, soğuk terim tişörtüme çıkmış.
Sen yoksun, bilmem... Yerimi, saatimi, dönüp duran ruh halimi bilemem.
Kim bunlar, ben kimim, neden şimdi bu yerde soluk alıp vermekteyim?
Karnımın içine kaçmışsın gibi gurul gurulsun, gurur gurur.
Açım sana, acım sana, susadım, sanadım.
Koşmam lazım, hızla uzaklaşmam lazım; çıkılamıyor içimden.
Köpek gibi özledim seni.
Mumlar yanıyor, elektrikler kesildi, arkadaşlar rakı tokuşturuyor.
Gülümsüyorum. Sonra göğsümde bir şeyler zıp zıp zıplıyor, hasreti zıpkınlıyor.
Derin mavimsin benim. Gökyüzüm gibi, son sözümden önceki kalbim gibi, kaşım, sabaha açtığım gözüm gibi.
Derin kalbimsin sen benim. Derin devletim.
Cumhuriyetim, hürriyetim. Henüz ilan edilmedim. Ben bunları nereden bilecektim?
Kırbaçları dinmiş sırt gibi özledim seni. Dünden bugüne yalnız sen. Hafızamı saçtım, öğrendiklerimi gömdüm senin nefesin yüzünden.

Renkler sen. Beyaz sen. Siyah da sen. Gride kalamam ben.
Nesir değil nasırmışım esasen. Bu koku kimden? Sana göre de Allah belamı vermedi mi gerçekten?

Değilim

Söyleyecek pek bi'şeyim yok gibi görünüyor. Gecenin ikiyi kırk bir geçesi... Kırk bir kere maşallah.
Hisar'dayım. Artık Hisarlıyım. Bir yerli olunca yukarıdan ayırmaya gerek kalmıyor. Yerlisi oldun mu yapışıyorsun özel özel, o özel ismin yanına. Sıkıysa ayırsınlar.
Oralısın. Hisarlı. Hisar'lı değilsin. Ek değilsin, ucundan azıcık değilsin.
Susuyorum ama kafamda birçok 'ben' konuşuyor.
Sencil ben, bencil ben, düşündükçe güldüğüm ben, düşündükçe haline içimden hıçkıra hıçkıra ağlamak gelen ben. Üzülme, bi'şeyim yok, âdetten.
Bej bir kanepede oturuyorum şu an. İkiyi kırk beş geçiyor. Gecenin dibi. Şaşkının biri.
Bej kanepe iki yirmi, boydan. Duvara dayalı, kahveli-siyahlı-bejli yastıkları. Sol yanı Boğaz'a bakıyor kanepenin. Tam benim oturduğum noktada solda yeşil ışıkları yanmış Fatih Sultan Mehmet'in.
Ürperiyorum. Kollarım, dizlerim, tüylerim...
Sıradanlaşmayız değil mi?
Yatmıyorsam şu vakitte, gözümden uyku akıyorsa burada, sana karşıki odadan dikiliyorsam sebebi yatarken bana sarılmama ihtimalin.
Yok bir kabahatin. Bugün ihtimaller peşindeyim. Sebebini bilmemekteyim. İhtimalleri ihtimalleştirmeden tüymek lazım fikrinden.

Bir gün bana sarılmayabilirsin. Yatağın sağ tarafından beyaz yorganı kaldırıp içine girebilir, yüzünü duvara dönüp uyuyabilirsin.

Ben yokmuşum gibi. Ya da hep oradaymışım gibi. O kadar oradaymışım ki, o kadar oralıymışım ki, oralı bile olmana gerek kalmamış gibi.

Yataklıymışım ben. Deyimden değil, dediğimden. Betimlemesine yandığımın. Karışıverdim en kötü ihtimalimizden.

Bir gün annemle babamı, o filmlerdeki alışkanlığı görürsem evimde, komşumuz Gül Abla gibi solgun ve yorgunlaşırsa bakışlarım, babaannem gibi ezberden ütüye, yemeğe, çamaşıra, misafirin çayına dönüp duran bir kadın olursam, kendime ve tutkularıma yabancılaşıp tutkallaşırsam eğer yer yarılsın içinde hiç olayım, iç olayım.

Televizyonun karşısında zıbarmadan önce bıkkın suratınla tıkınıp mideni doldurursan... Kayda değer, sana, bana değer tek cümle kurmadan, gözünü gözüme değdirmeden üç beş kelime gevelerse ağzın...

Mecburen ve alışmışlığın yavşak yapışkanlığından geliyorsa ayakların yanıma... Dilsiz damaksız, yüreksiz, ayarlı, şehveti idareye kurulmuş öpmeler başlarsa aramızda... Kızların yanına kaçmak için fırsat kollarsam...

Başkalarının hayatını takip etmek bizimkini yaşamaktan cazip dururs tam ortamızda...

Eski sevgililerimizi daha sık anımsamaya başlarsak, geçmişimizin kahpeliği musallat olursa nefesimize... kes beni.

Kes beni sana bağlayan her telimden. Saçlarımdan kes. Şahdamarımdan.

Vur baltayı ayaklarıma, gelemesinler sana.

İkiletmeden kes mavi kabloyu. Kırmızı mı, mavi mi bilemeyeceğiz besbelli. Patlarsak patlayalım, bam! Babam! Anam! Sen de patla, tamam!

İndim aşağıya, salona. Aslında salon değil, saloncuk stili; ikili ve tekli birer koltuğun yanında bir deri sandalye var...

Amma da uzun anlattım ya. Bilince uzunlaşıyor kısalar.

Girersek, bu konu epey damar.

Günümüzü, gün önemli değil gecemizi geçirdiğimiz yer bu saloncuk. Mumlar on dakika önce söndü. Bittiler. Yittiler. Yettiler. Oturduğum ikilinin tam karşısı Fatih Sultan Mehmet Köprüsü. Aşk, egomuzun törpüsü.

Kırmızı yanıyor bu kez. "Dur" diyor. Yukarıda geç, aşağıda dur.

Hislerimin açılımı: dumur.

Âşığın ev yapımı bubi tuzağı budur; kurar kurar durur, seline kapılır da durmazsa sonunda kurutur.

Sıradanlaşmayız değil mi?

Elini ayağını öpeyim, ne olursun.

Hay aksi! İstemezdim ama kopyala-yapıştır arabesk tadı saldı bu. Elini ayağını öpmek şimdi oldu mu?

Tam oldu. Cuk oturdu.

Kopyalamasak da yapıştırırız icabında.

Çok oturdu. Bildiğin gibi değil, benim içime çok oturdu.

Söylesene, sonradanlaşmayız değil mi?

Gözümü kapattım annemin gözleri... Mavi sabahlığı, taranmış saçları, kiremit rengi dudakları, "yıkılmadım ayaktayım, her daim zarif kadınım" diyen küpelerin sallandığı küçük kulakları, günışığına tükürür gibi boyanmış ağlamaklı gözleri...

Babamın ekose sabahlığı, faraş görünümlü ayakları, camı kirli gözlükleri, depoladığı bitmeyen belgeselleri, nefes almadan yemek yemesi, sızlayan siniri, kaybolmayan öfkesi...

Derin nefes aldım... Ellerim... Sağ elimi avuçlayan sol elim. Tırsak, tarifsiz, tamirsiz, takipsiz, "ya kısmet" yaşayan, yarışan, yaşlanan ellerim.

Bir Emre Aydın şarkısı kadar melankolik, Sezen Aksu şarkısı kadar dramatik, Ajda Pekkan kadar güçlü, Teoman şarkıları kadar kafadan yenik değilim.

Bu değilim, bu da değilim, bu hiç değilim.

Kalabalıkta var olamam, biterim.

25.02.2013
Kadın Mektebi Sokak, Rumelihisarı

Siyah çöp torbası

Siyah çöp torbalarından hoşlanmıyorum. Hoşlanmamak az kalır, görünce sanki mezara giriyorum.

Kollarımı kesmişler, bacaklarımı ayırmışlar, kafam başka yerde, gövdem başka. Hepsini siyah çöp torbalarına doldurmuşlar.

Bir katilin soğukkanlılığından çok, kimvurduya gitmiş kurban hissi benimkisi.

Sırf kızıl saçlarım yüzünden kurban gitmişim mesela. Kabahatimin büyüklüğünden değil, seri katilin annesinin saçları, kalçaları benimkilere benzediğinden seçilmişim.

Birileri halihazırda ölecekmiş, saçlarımdan kısmet sıra bana gelmiş.

Bir gün de suçumdan asılmış olmayı isterdim. Maalesef öyle bir suç işlemedim ama sicilime oya gibi işlediler.

Onunkini, bununkini, sevdiğim adamınkini, dostumunkini, babamınkini, komşumunkini.

Ses edemedim. Etsem de bağırmayı beceremedim. Bir sıçradım, iki sıçradım, üçüncüsünde bunaldım. Kendi kendine sıçramanın sıçmaktan farkı yok çünkü.

Bazıları "A" dese yer yerinden oynar, ben A'dan Z'ye gerçeği döksem salon boşalır.

Farz etmelerin, gruplandırılmaların, lütfetmelerin, orospulukların, etiketlerin, 'ama'ların kadını.

Kendisi benmişim, öyle buyurdular ama hiç tanışmadım, aynada karşılaşmadım.

Market poşetlerinin çöp kutusuna geçirilip çöp torbası yapılmasından da hoşlanmıyorum. Çöpün de bir stili olmalı, çöp diye sınıfsızlaştırılmamalı. İnsan çöpten bile kaliteli ayrılmayı bilmeli.

Nedir benim bu çöplerle alıp veremediğim. Ne zaman çöp gibi hissettim? Hissettim mi? Şimdi bilemedim. Bilmek istemedim. Geçiştirdim. Bilmek istemediğimde üzerini örterim.

Çöpün kendisinden hoşlanmıyor olabilir miyim acaba?

Çöp... İşi bitmiş, gereksiz, fazlalık, kokuşmuş, tarihi geçmiş, tükenmiş, bir halta yaramayan ve yaramayacağına karar verilmiş olan demek.

Böyle kararları vermek gücüme gidiyor benim. Ben kimim ki seni çöp ettim. Kimim ki tokmağımı vurdum, idam ettim? Hâkim miyim?

Siyah çöp torbaları jiletliyor bileklerimi. Midem bulanmaya başlıyor. Saçlarımı uçuşan hüzünler okşuyor.

Babasının, annesini komşu teyzeyle aldattığına şahit olup da susan, öylece bakakalan, onları birlikte görmediğine kendine inandırmak için koşarak olay yerinden kaçan kız çocuğuna dönüyorum.

Donuyorum.

Çöp evler var bir de... Atamayanların evleri. Tiksinerek bakarlar onlara. Anlamazlar özünü, dile getiremediği sözünü, işin önsözünü. Bir şey atınca eti acıyanların evleri onlar.

Biriktirme hastalığı değil onlarınki, kapının önüne koymaya kıyamama duygusunun baskınlığı. Yokluğun korku salan aşkınlığı. Vedalaşamama taşkınlığı.

Atarsa atılacakmış gibi. Torbalara doldurup sokağa bırakırsa kendisi işe yaramadığında aynı muameleyi görecekmiş gibi hissetmenin karşılığı.

Aysel vardı bir de... Gürel'di bir de... Gürdü, kusursuz bir eldi, erdi bir de... Yazmıştı duvarlara, etine, eteğine, yırtık etiketine... Neyse...

Siyah çöp torbalarını parçalamak istiyorum. Mutfaktaki en büyük bıçağı alıp orasına burasına saplamak. Topunu ateşlerde yakmak.

Kıyamıyorum. Onlara da kıyamıyorum. Kıyılıyorum. Kokuyor, nefes alamıyorum...

Kafamı çeviriyorum. "Görmedin kızım, görmedin" diyorum. Görmedin...

Senden bi'şey

Böyle olması gerek.

Âşıkların zaman zaman ayrı kalması. Kendi dünyalarında dolanması.

Mesela okumalıyım ben, yazmalı. Düşünmeliyim, başıma gelenleri süzmeli.

Boş boş bakıyormuşçasına doldurup boşaltmalıyım.

Özlemeliyim seni. Burnumun direği sızlamalı.

Üzerimde emeklilikten men edilmiş eşofmanım ve kalıpsız tişörtümle aynaya uğramadan evde dolaşmalıyım. Şu kanepede uyuklamalı, kitapları, kafamı karıştırmalıyım. Ütülemeliyim. Lüzumsuzları ötelemeliyim. Bilmediğim müzikleri dinleyip Hisar'dan başka diyarlara uzanmalıyım.

Belki de hiçbi'şey yapmamalı, şu gümüş şamdan gibi mumsuz yanmamalıyım zaman zaman.

Sen de dinlenmelisin. Bazen yorucu olabilirim. Bilmem, öyle miyim?

Böyle olması gerek. Öyle derler.

Arada sırada âşıkların soluklanması gerek.

Yoksun bu akşam. İtiraf etmeliyim yoksunum bu akşam. Yoksulum.

Şarkılar melodisiz, şiirler bıçak, gözlerim dostlardan kaçak.

Yemeğimi yemedim bu akşam. Ekşidi tazeler.

Oysa fırından yeni çıkmıştı havuçlu kek. Tarçın kokmuştu ev. İstemedim.

Şarkılar ağlamaklı, şiirler biraz dokunaklı, biraz kızgın. Ellerim koşuyor bir sigaradan diğerine. Boğulabilirim nihayetinde.

Açık söylesem olur mu, özledim seni.

Âşıkların birbirlerini özlemesi gerek ama benim seni özlemem için senden ayrı durmam gereksiz. Saçma.

Mesela dün gece seni rüyamda görmedim, özledim. Gözümü açtım, yanımdaydın. Dedim "Biraz sarılabilir miyim sana." Başımı göğsüne yasladım, elimi boynuna kancaladım. Sıkı sıkı.

Kalbimden akıp gidiyor bilmediğim şeyler sana doğru. Uykumda bile.

Zaten neyim varsa sana doğru.

Âşığım sana. Senden olan ne varsa.

Yansın bütün kitaplar, kaybolsun şiirler, uçsun şarkılar, dursun yazılar, çalışan kafalar, kurcalayan tutsaklıklar.

Özledim seni. Ayaklarım uyuşuyor, midem kanıyor, ciğerlerim tıkanıyor.

Sen yokken nasıl da tüysüzüm, yünsüzüm, soyulmuşum...

Senden bir an bile ayrı düşmemem gerek. İcaben özlemeler, bile isteye mesafelenmeler bize göre değil.

Başkalarına uyan benim ayağımı sıkıyor sevgilim.

Yanlış anlaşılmak istemem; kalbimi tutamıyorum, sadece sana koşuyor, seni konuşuyor, sana akıyor, anlatabiliyor muyum?

Sen, sadece sen. Senden bi'şey oldum ben.

28.02.2013 / 22.00
Kadın Mektebi Sokak, No. 9, Rumelihisarı

On dokuz ve komşuları

Bu sabah duydum, eski evimi tutmuşlar.

Yaşlı bir kadın kalacakmış artık orada. Bakacakmış bizim baktığımız duvarlara.

Duvar... Bunda üzülecek ne var.

Bu sabah duydum. Hani o kadın var ya, kocasını kaybetmiş. Tek başınaymış bu hayatta.

Evi varmış, inşaat firmasına vermiş, yıkılmış. Şimdi iki yıl bekleyecekmiş. O iki yıl aidiyetsizlik duygusunun gölgesinde artık nasıl geçecekse...

Sonra kavuşacakmış yeni evine.

Yaşlıymış yani. Yaşlı derken, çoluk çocuktan geçmiş, torun torbaları yetiştirmiş gibisine.

Dört yıl... Ne kaldı benden geriye?
Uyuyamadığım yatağım, sarılamadığım yastığım, sığamadığım dolaplar, günahlar, kayıtsız sevaplar.
Ne kalacak ki senden de geriye? İleriye. Öteye. Sonraya.
Sonrası hep bana kalır, bana.
Sonradan sızlar, usul usul kanatır. Süzülür bacaklarımdan sidik gibi ıssız ıssız gözyaşlarım.
Söyle ne kalabilir bizden geriye?
Aşk diye, sen diye, ben diye, seviş diye, tik diye, ten diye, ten tene uyuduk diye, günlerce nefes nefese uyandık diye.
Ne kalabilir bizden geriye? Kendine dürüst ol sevgilim. Bu sabah duydum, eski evimi tutmuşlar benim.
Benim eski evlerim var sevgilim. Kapısını kapatıp ardıma bakmadan veda ettiğim.
Çok sevdiğim odaları var o evlerin, köşeleri var beklediğim, duvarları var tekmelediğim, salonları var öylece durduğum.
Benim eski yataklarım, yorganlarım, kurulandığım havlularım, söktüğüm kapılarım var.
En sonuncusuna yaşlı bir kadın yerleşmiş sevgilim. Kimbilir o belki de yarınki benim.
Kemiklerim diri, yaşlandı tahammüllerim, temennilerim, beklentilerim.
Artık eski evlere yabancı değilim sevgilim.
O yüzdendir ki gelme bana eksik ya da fazla.
Olma kendinden bir gram öteden ya da aşağıda.
Bir gramda uçuyor aşklar sevgilim. Bir gramda eskiyoruz. Bir gram fazlayı taşıyamıyoruz.
Artık eski evlerimin eskidiğini bile unutuyorum. Ellerim hiç dolaşmadı oralarda, gözlerim batmadı akşamüstü, açmadım kapısını defalarca.

Bir gramda kaybolabiliriz sevgilim.
Kaybolabilirsin.
Kaybolabilirim.
Sana kızgınlığımı söylemezsem az sonra kusabilirim.
Seni tam özlemişken öfke nöbetindeyim. Hayır özlemedim.
Öfke! Ne kadar büyüksün öyle. Özlemleri uyuşturuyorsun kapıdan girişinle.
Sana verdiğim sözü bozabilirim. Yapamıyorum. Edemiyorum. Etmelerimin hepsini kilitledim.
Bak sana. Baksana!
Sözün yitip gitti kumar masasında, muhabbette yenildim on dokuz ve komşularına.
Bahisler kapandı mı sevgilim?
Bak sana. Baksana!
Eski evimi tutmuşlar. İçine de yaşlı bir kadın koymuşlar, anlıyor musun sevgilim?

04.03.2013 / 20.11
Kadın Mektebi Sokak, No. 1, Rumelihisarı

Ne? Niye?

Senin farkın ne?
Peki benimki?
Tüm sıradanlığımızı olağanüstü kılan ne?
Neden tertemizim seninle?
İstanbul hiç bu kadar parlak olmamıştı gözlerimde. Niye?
Nedir bizi bir yapan altı milyarın içinde?
Sana alışmak için çıldırmam niye?

Güzel

Ellerim güzel.
Uçları kırık saçlarım güzel.
Nişantaşı'ndan Bebek'e elli dakikada varamadım... Olsun, güzel.
Polis çevirdi... Çevirsin, ne güzel.
İşler birikti... Yaparız be, güzel.
Geceden sigara kokusuna bastırılmış saçlarım mis gibi... Çok güzel.
Onu bunu bıraksınlar da, kokun yastığımda dans ederken bilemiyorum artık beni kim üzer.
Güzel... Güzel... En güzel.

Peşin peşin

Herkes bi'şeyin peşinde
Peşin peşin avlamanın, toplamanın.
Ayartmanın ayarsızlaşmanın.
Eksilerle kümelenmiş artıların.
Atların.
Avratların.
Silahların.
Piton çantaların.
Atılacak kancaların.
Uzun bacakların.
Ütülenmiş bakışların.
Dedim ya, herkes bi'şeyin peşinde.
Eşeğinde, yükünde, seferinde.
Ben... ben senin eşiğinde.

04.2013
Trump, Mecidiyeköy

Alaçatı 2013

2005'te sevmiştim seni.
Dolunaydı, Alaçat'tı. Ay bulutların ardına saklanmamıştı.
2006'da sığınmıştım sana. Arkanda zeytin ağaçları, önünde yârdı.
Güneşti, yuvaydı, sıcaktı.
2007'de alışmıştım sana. Sandım ki sen de bana.
Zeytin ağacımız vardı, küçüktü ama sağlamdı, huzurdu. Kırevi vardı. Saçımda kır çiçekleri vardı.
Doktor dizlerimde yatardı. Karadut lorun üstünden tatlı tatlı akardı.
2008'de alışmıştın bana. Âşıktım ben sana. Biliyordum tam orta yerinden kırılacaktı.
Eylül geldi, herkes gitti. Kırıldım. Kırıldık.
Veda edemezdim sana, uzaklaştım öylece otobandan İstanbul'a.
Sakızlı kurabiyenin sakızı tükenmişti. Yumurtanın sarısı gücenmişti.
İnanmadım bittiğine. Masalların sonunda ayrılık da vardı.
2009'da bir kez daha geldim sana. Uyuyacaktım kollarında. Düğünümüz vardı. Düğümlendik kaldık oracıkta. Beyaz mumların, kabak çiçeklerinin, dut ağacının, Cumartesi pazarının telaşının huzurunda.
Zeytin ağacımız çürüdü bir Ağustos sabahı, çimleri kurtlar bastı. Uyandık. Göz göze gelmedik seninle. Sessizce ağladık.
Kabullenmeyi heyecanıma yediremezdim aslında. Kabullenmiştim sonunda.
Solmuştu turuncumuz, sarımız, mavimiz. Kahverengiydik artık, yaz değil sonbahardık.

2010'da hiç düşünmedim seni. Özledim, çok özledim de düşünmedim. Düşünemezdim. Elden ayaktan düşüremezdim.

Konuşmuyorduk artık, sabaha kadar beyaz minderlere uzanıp 'iyi ki varsın' dermişçesine yıldızları seyretmiyorduk artık.

Çalmıyordu sirtaki fonda. Dans etmiyorduk eteklerimizi savura savura. Varlığımızı savuna savuna.

Ah benim hoyratlığım, ah senin şu yalnızlığın.

Vah benim yaşım, senin yaşanmışlığın.

Artık nefeslerimizi karıştıramayacak kadar karmaşıktık.

Boşverdik birbirimizi. Herkes gibi.

2011'de düşmedim yollarına. Kırevi bekledi bekledi pes etti sonunda.

Kapandık. Kapıya "Yalnızlığımıza gittik, dönemeyeceğiz" yazdık.

2012'de son kez baktım sana. Ne sen beni istedin ne ben seni. Boğulduk dudaklarda. Koyduk başımızı yabancı kucaklara. Bir kavga bile edemedik doyasıya. Soramadık hesabımız kaç para.

Şimdi burada 2013 Mart'ında yağmurun sonrasında bakıyorum sana.

İçim eziliyor, ellerim üşüyor, güneşin saçlarıma değip değip kaçıyor. Katıla katıla ağlayabilirim şuracıkta.

Bıraktım seni kıymet bilmezlere, Bebek şövalyelerine, şarhoşlara, vitrinlere, kibirlere.

Dostlar çekmiş gitmiş. Kırevim nerede?

Kalkıp gidesim var tam da şu anda. Hiç böylesine sevmemiştim bu hayatta.

Tadilata girmiş Köşe Kahve, Asma Yaprağı tatilde, bisikletimle gezdiğim yerlere arabalar dizilmiş.

Hiç böylesine istenmemiş hissetmemiştim kendimi ömrümde.
Şarabı içip içip şu karyolada uyuyayım bari, bekle.
Sonra istersen, ne yaptın bize söyle.
Yok! Söyleme. Sabaha giderim ben sessizce.

26.03.2013 / 18.13
Orta Kahve, Alaçatı

Akarmış

Doldurabilirmiş bir gün yerimi
Yetebilirmiş bir gün biri yerime
İncindim doğrusu
Kayganmış, kayarmış, su gibiymiş...
Akarmış gidermiş giderken sürüklermiş
Anlayamadım bu neyin coşkusu

04.2013
Tayland

Sahi

Sahi, ben neye inanmıştım?

Sessizlik

Sessizlik çok sesli de olabiliyor. Kulağı tırmalayabiliyor, çekilmiyor, öyle sert bi'şey ki kafana çekiçle vuruyor.
Ama ya sabah denizi misali olursa. Yumuşacık akarsa... Korkularını çekiştirmeden yanında yatarsa.
İşte o zaman can kaçmak istemiyor.
Kimse sofradan kalkmıyor. Demleniyor da demleniyor.
Nerede? Bir bilen aranıyor.

04.2013
Kadın Mektebi Sokak, Rumelihisarı

Asıl darbe

Evini özlemen kaç gündür senin? Üç mü? Beş mi? Kapıdan çıktığın saniyeye eş mi?
Peki alışkanlıklarının yeniliğe karşı çarpışması nasıl bir duygu karışıklığı? Düşündün de bilebildin mi?
Yıllardır bildiğini diyebildin mi?
Gündelik ritüellerde hazzı buluyor muyuz ey kafası karışık yaratık söyle? Yoksa bu bir kandırmaca mı yollarına ağlarla ördüğün?
Hem ritüelden hem yenilikten kaçılır mı? Aynı anda hem ayakta hem uykuda kalınır mı?
Arada kafeslenilmez mi?
Tavada cayır cayır pişilmez mi?
Sormalara başladım yine. Çok sorarım çocukluktan bugüne.

Çok sorarım da cevabını dinlemem. Dinler görünsem de dinlemem. Her cevap dinlenmez. Zaten soruyu sorduğum da beni dinlemez.

Karşındakini dinlemeden konuşmak hoş karşılanmaz ama kimse kimseyi akıl kulağıyla dinlemez.

Cevaplar her daim sorunun içinde. Bazen soruyu sormak cevabı bildiğini bilmekten daha iyi geliyor galiba. Sözünün kıymeti ilk kelimeyi söylediğin yerde, sarı tulumunun gölgesinde asılı duruyor, kulaklar kahpe.

Soruyu sorunca sorunu ortaya koyduğunu zannetmek ahmaklık değil de ne.

Asıl darbe cevapta.

Boşuna dememişler; sormayacaksın cevabına katlanamayacağın noktada.

Ellerini özlemen kaç gündür senin?

Baktın mı ellerine son günlerde. Her çizgisine, damarına, tenine, titreyişine, ucundan tutuşuna, kavrayamayışına, tokadına, kırık tırnağına.

Sus söyleme. Özle… Boşver özleme. Özlesen de özleme. Söyleme.

Özetleme. İyisi mi boş geç, özneleme.

05.2013
Kadın Mektebi Sokak, Rumelihisarı

Yargı

Geleceğe, adımına, kalemine sargı.

Bir kitap düştü elime. Düşerler arada sırada ihtiyaç halinde.

Dua gibidir bazı kitaplar. Başın sıkışmadan buluşamazsın.

Eh! İnsansın, şeytansın, azapta gereksin. Eğer kısmetse ıstırabından adam olacaksın.

Diyor ki kitap, yargılama. Sen önce elin kızını, oğlunu, orospu çocuğunu yargılama.

Orospu çocuğu benden. Öyle yazmamış kitap.

Orospu çocuğu da bir yargı zaten.

Kusura bakmayın midemde orospu çocuğundan fazlası da var ama boğazıma parmak atıp kusmam gerek.

Blumia'yım, *blue blue*... *Blur blur* onların yüzünden. Yiyip yiyip tuvalete koşmaktan tükendim, kilo veremedim, şiştikçe şiştim, cildim soldu, gözaltlarım morardı, boğazım kekredi, saçlarım döküldü.

Çok orospu çocuğu tanıdım be. Sen de öyle.

Hadi neyse...

Kitap diyor ki, yargılama. Yargılamamaktan başla. Kabul et karşındakini kim olursa. Hayatına teşebbüs edip de aklına uymayan her ne ise.

Yargılama diyor. Doğru mu, yanlış mı diyor, aslında ne dediği sana kalmış.

İşin aslı şu ki başta kolay geliyor. Söylemesi kolay ya, o biçim. *Esmerim biçim biçim, ölürem esmer için*. Söyleyince her halt kolay geliyor.

Sevmesi de, gitmesi de, başlaması da, coşması da... Ve fakat o haltlar bir türlü bitmiyor, bitmek bilmiyor, bit gibi kanını emiyor, bitiriyor da nihayetlenmiyor.

Yapabilirsen kitap şunu öneriyor: takip et fışkıran öfkeni. Bir hafta aç antenlerini ve her yargıda arakla kendini.

Arakladın mı, kıskıvrak yakaladın mı, devam et, al kalemi, yaz deftere.

Hafta bitince bak. Gör yargını, gör meşguliyetini, kızgınlığını, kırmızını, siyahını, yüzüstü düştüğün bok çukurunu.

Deniyorum deniyorum olmuyor. Onlara kızarken oklarım ters yöne dönüyor.

Vicdan azabı kancayı takıyor.

Yargı, gözlerimdeki sargı. Görülmüyor, yürünmüyor.

Bardağın boş tarafı

Bir sürü bardağın içinde birini sevdim. Kolayı da, buzlu suyu da, ayranı da onunla içtim.

Onunla başka içtim. Doya doya, kana kana, tadına vara vara susuzluğumu kestim. Evdekilere söyleyemedim.

Bir gün başkasının elindeydi bardağım. Kıskandım, sinirlendim, akşamdan terbiye edilmiştim, ses edemedim.

Herkes gidince kaptım süngeri, bastım deterjanı, yıkadım bardağımı. Çiçek gibi ettim.

Günler günleri kovaladı. Bardağıma âşıktım, ona bir başka alışıktım, hâlâ kimselere diyemedim.

Yorgun argın eve geldim. Ayakkabılarımı çıkarttım. Bir bardak buzlu çay içmek için dolabı açtım, onu göremedim.

Öbür dolaba baktım yok, bulaşık makinasında yok. Allah'ım bardağıma ne yaptılar benim?!

O en sevdiğim...

Çöp tenekesinin metal kapağını kaldırdım, ağlıyor, başıma geleni biliyordum.
Boştu, bomboş.
Sokaklara atılmıştı bardağım.
Bir veda bile edemedim. Bir daha öyle içemedim.
Diyemedim, diyemedim, kaybettim.
Öyle gelmişim, ne edeyim.

İşe yaramaz

Ne zaman kendimi işe yaramaz hissetsem mutfakta alırım soluğu. Karnımı doyurduktan sonra eksiklik ve yersizlik hissimin çokluğundan tüm bunları yaptığıma vâkıf olurum.

Al sana yazlık bir tarif.

Önce müziğini koyacaksın. Fönsüz sokağa çıkabilirim ama fonsuz kılımı kıpırdatamam.

Bugünkü müziğimiz *smooth jazz* tabir edilen tonda olabilir. Yemeğin önüne geçmesin, keyif versin.

Koydun mu? O zaman başlayabilirsin.

Enginarları alacaksın, zaten soyulmuş alacaksın. İtalyan mısın? Yıkayıp, kurulayıp iyice limonladıktan sonra buharda pişireceksin.

Haşlayabilirsin de ama haşlanmak iyi gelmez sebzeye. Buharda olur sana lokum, vitamini kalır üstünde.

Sonra taptaze yeşillikleri yıkayacaksın. Salatada tazelik olmazsa olmazdır, unutmayacaksın. Yıkadığın göbeği, rokayı, naneyi, dereotunu kurutma aletinde kurutacaksın. Islak yeşillik sosu çekmez. Emine Beder bile bunu sana söylemez.

Sonra malzemeleri irice doğrayacaksın, tahta bıçağın varsa besin değerini koruduğun için kendinle gurur duyacaksın.

Birkaç küçük domates ve hıyarla salatayı taçlandıracaksın.

Limon, nar ekşisi ve en kralından zeytinyağını kekik, tuz, ucundan azıcık şeker ve çay kaşığı kadar hardalla küçük kavanoza koyup çalkalayacaksın.

Sosu salataya döküp iyice karıştıracaksın. Buharlanmış enginarları küp küp kesip salataya katacaksın. Varsa evde parmesan peynirini uzun uzun rendeleyip finali yapacaksın.

Afiyetle yiyeceksin. E sonra ne yapacaksın?

Marifetinle ve sağlıklı yaşamanla gurur duyacak, yarım saat içinde işe yaramazlık hissinle başbaşa kalacaksın.

Ne zaman ki işe yaraman gerekmediğini idrak edeceksin, kendine gelip hayatın tadını çıkarabileceksin.

Hadi canım kolay gelsin.

05.2013
Kadın Mektebi Sokak, Rumelihisarı

Tahammül

Sen kendinle, bedeninle, zihnindeki tilkilerle yalnız kalınca bazen midene vuruyor.

Miden büzülüyor, şişiyor, gaz yapıyor, ağrın merkezde toplanıyor. Merkezden bildiriyorum, bir kiii, bir kiii, duyan var mı?

Bence kişi en çok kendine tahammül edemiyor.

Trafik, işler, kaprisli âşıklar, sitemler, sistemler artçı. Sanırım kendimiziz esas sarsıntı.

Yaprak

Yaprak kondu omzuma. Chao Praya'nın kıyısında. Hiç değilken nehir havasında. Kurumuştu fıstıklar. Islaktı koltuklar.

Yaprak kondu omzuma. Eğer'lerle devrilecekken yakaladı gömleğimden.

"Dur" dedi, "Sus" dedi, "Yorma" dedi, "Şişşt" dedi, "Sakin" dedi, "Kes" dedi, "Soluklanabilirsin, bi'şeycik olmaz" dedi.

Duyan ona deli derdi.
Deli değildi.
Yapraktı, tabii bilecekti. Ne dese doğru diyecekti.

04.2013
Bangkok

Çifter çifter

Niçin çift oluruz?
Nereden bu ihtiyaç?
Öyle öğrendiğimiz için mi?
Genlerimiz zorladığından sebep mi?
Tek başımıza hiçlikte çırpınmaktan tırstığımız için mi?

08.04.2013

Süzülme

Süzüldü gözünden yaş.
Ağlamıyordun... Allah korusun. Hani yaşarır ya gözler, öyle bi'şey.
Sen görmedin bile. Elinle silmedin bile.
O gece uzanmıştık beyaz çarşaflara sen ve ben.
Süzüldü gözünden yaş... Ağladım oracıkta. Görmedin bile.
Baksan da göremezdin sevgilim.
Süzülmemeli gözünden yaş. Bir damla bile düşmemeli.
Ağlamalar bende. Uykusuzluklar bende olsun.
Bekleme sen bir saat bile. Bekçilik bende dursun.
Âşık edebiyatı yapıyorum belki de. Duygu dalgaları işte.
Ama... Ama...
Gitme sen. Süzülme kapılardan, gözlerden, evimden, karanlıktan, süzülme.
Hayallerini kırma, üzülme.
Bende endişe, hep endişe. Çekiyor da gitmiyor işte.

23.03.2013
Kadın Mektebi Sokak, Rumelihisarı

Ataç

Sabahları mum yanar masalarda.
Öğleni öğlen değil, öyle değil, böyle değil.
Neden sevdiğimiz belli değil. Nedenler bizden değil.
Değil kelimesini kullanırken ekonomik olmak kolay iş değil.
Olanlardan ziyade olmayanları düşünmek şu nefese reva değil.
Ayrılık acısı öyle yaklaştırdı ki seni bana, ne yapacağımı bilemiyorum bu yakınlıkla.
Solumdasın. Sonra sağımda.
Sabah yanımdasın. İlk kahvemi içerken beline doladığın beyaz havluyla oradasın.
Temizsin, yanımdasın.
Kirlisin, yanımdasın.
Günde üç öğün açlığa şahit olunca toklaşıyor mu aşk?
Baksana; öğle vakti bu izbe, duvarları çizik içinde, yeraltı tayfasının toplandığı, kaçakların toz kaldığı kafedeki bi'buçuk kişilik koltukta da yanımdasın.
Sahi biz kaç kişiyiz? İki mi? Bi'buçuk mu? Çok muyuz, az mı? İkişerden dört müyüz?
Tamam mıyız biz seninle?
Yapıştırılsak da tutmaz mıyız?
Hangisiyiz söylesene. Yoksa yarılacağım orta yerimden.
Aşk mıyız? Âşık mıyız? Dosya işlemini tamamlayana kadar kenarından ataçlanmış mıyız?

Kafiyesiz sevmeli

Çıkılmıyor kafalardan.

Kafa dediğin çok; soru kafası, sorgu kafası, sargı kafası, eski sevgilinin didik didik kafası, derin darbelerin puslu kafası, annenin kafası, babanın kafası, akıl hocanın kafası.

Çıkılmıyor arka sokaklardan.

Sokak dediğin çok; ideal sokaklar dolanmış yalanlara. Çocukken misket oynadıklarımız nerede?

Ah Suadiye. Yazarlar sokak. Gürelli. Kaderimin temeli.

Acizliğin sınırsızlığı ürkütüyor beni. Gücümüz korkumuzdandır elbet. Korkusuz olduğumuzu kim söyledi. Palavra. Korkusuzluk Coca Cola. Soğuk içiniz.

Kafiye uyuşturucu gibi bi'şey. Yazarın otu boku. Bulaştın mı daha da bulaşırsın, kurtulamazsın kafiyelerden. İçinden fırlar yazdırır kendini kerata. Pardon, keratalar. Kaç kere söyledim size.

Hiç devrilmez kafiye. Eğilmez. Süsler. Paketler. Gerçeği sevmez, çırılçıplaklığa tahammül edemez.

Ojesiz ayaklarla işi olmaz.

Kafiyesiz sevmeli insan. Kafiyesiz aşk karşılıksızlıktan beter. Ama bizim kafaya en güzel o gider.

Çarpa çarpa aşk, dağıla dağıla, parçalanıp yapışa yapışa.

O kadar uyumsuzuz ki ikiz gibiyiz.

Biliyorsun, bu aidiyetsizliğin bir sonu olmalı.

Acaba son sahnede adalet var mı?

Kafiyesiz sevmeli insan. Okura goygoy çekmeden, cümleyi gülümsetmeden, dört bir yana ışıklar takmadan sevmeli.

Aşkın kafiyesine sıçılır zaten. Gülme. Bunda gülünecek bi'şey yok esasen. Sıçılıyor aşka resmen.

Sol masadaki şapkalı adam fonda çalan "Another Day in Paradise"a eşlik ediyor.

Kafamı kâğıttan kaldırıp bakıyorum, gülümsüyor, "Kötü bir şarkıcıyım" diyor. Affıma sığınacak.

"Keyfine bak, takıl" ifademi, jestlerimi, mimiklerimi, artık hangisi sizi memnun edecekse onu yapıyorum.

Herkesin şarkısı kendine.

Benimki sensin. Alaturkadan nağmeler sanma. Sen bana inanma ama kendini de kandırma.

Şarkı nedir senin için?

Her andır şarkı. Her anımın fon müziği çalar kafamda. Deli olabilirim ama çalma diyemem ona.

Düşündüğüm her şey bir şarkıdır. Her karem bir şarkı. Simdi oldu mu?

Kolay mıyım? Gereksiz bir olay mı?

Yanımdasın. Yanımda. İstersem atarım elimi boynuna, koluna, bacağına.

Sevmediğimi sanma sakın, bu tutukluğum bunca seninle olmaktan. Kulağına başkasından gelmesin, benden duy; korkum aşkımdandır elbet. Aksini isterdim de yapamıyorum maalesef.

Sen bu sabah bana inanmazken, ben makinada kahve yaparken, makinaları kırmayı düşlerken düştü elimden kırıldı bi'şey.

Ne olduğunu göremedim ama sesini duydum o şeyin. Bi'şeyin.

Parçalarını toplayamadım ama kırıldığına yemin edebilirim.

Sen bana inanmazken.

Sen en gönlümden akana kanalizasyon muamelesi çekerken düştü kırıldı o şey, bi'şey.

Yanımdasın. Yan odamda, odacıkta, oracıkta, koltukta.

Önemli işlerin var, aklından geçip de tepene gelmişlerin var, dediklerin var, demek istediklerin, bir türlü toparlayamadıkların var, aşk var, kayıt var, kâğıt var, kanıt var.

Bir de beni kanırtmak var.

Bakıp bakıp da bulamadığın kusurum var. Bazen ortalık yere tüküresim var.

Bir de beni iğnelemek var. Arayıp arayıp bulamadığın acayip bir yanlışım var.

Topluyorsun, çıkarıyorsun, karekökünden kümeler yapıp çıldırdığın, içinden çıkamadığın bir durum var.

Hem ezberden hem spontane. Sonu belirsiz. Az sonra bitebilir de, sonsuza dek sürebilir de.

Heyecanın var, heyecanın. İnanmak istemiyor canın. Bildiğinle ne rahat adamdın.

Heyecanını kıskanan korkuların var canım.

Kulağında uğuldayan cümleler var. Kayıp kafanı gözünü yarmaktan usanmadığın kalıpların var.

Çık canım çık.

Önemli işlerin var. Karadeniz'de gemilerin var. Demirlemiş bekliyorlar. Bekletme canım. Senin önemli işlerin var.

Ben neyim ki canım? Ne kadar ki bu oyundaki canım?

Çok yoruldum, boşver artık oynamayalım.

Öyle dur sen o koltukta. Ben yazayım senden aka aka, yaka paça. Arada içeriz çay çorba. Sonra sarılırım boynuna. Uzanırım mis gibi koynuna.

Sevişiriz. Karışırız. Kamaşırız bu soğukta.

Uyurum göğsünde.
Öyle dursan da olur orada. O koltukta. Konuşmasak da olur.
Ara sıra gözüme baksan yeter, olur.
Birisi olmasam da dursam olur mu, ne olur?
Beni böyle sindirsen, sevsen. Hatta daha çok sevsen.
Çabasız, makyajsız, vasıtasız, vasıfsız.
Yoksa aslım kusurlu mu sana? Naiflik, yoluma çelme mi? Teslimiyetim yüksek mi, ağır mı?
Kolay mıyım sana? Gereksiz bir olay mı?
Yaklaştıkça uzaklaştın mı bana? Aklından geçenleri sakladın mı? Gelen geçeni kanına karıştırdın mı?
Yapma. Biz güzeliz ya.
İstiyorum ki olalım sen öylece, ben böylece.
Olduğumuzdan gayrı durmadan, aşka saygıda kusur etmeden, gelmişimize geçmişimize eldekini avuçtakini yem etmeden. Böylece.

Zehrinden bir kaşık

İstemekle oluyor diyorlar. Yalan! Olmuyor!
Beklemek bitmiyor. Umuda yolculuğa kaça gidiliyor?
Burada nece konuşuluyor? Akşam oluyor, akrep yine kendini sokuyor. Demek istemediklerimiz burnundan soluyor.
Acı aranıyor, "hani bana hani bana" diyor.
Şeytan kulağını kaşıyor. Kurtlar kalbine yürüyor. Çiziyorsun üstünü. Alıyorsun kabasını, atıyorsun özünü.
İstemekle olmuyor. Olan oluyor, anladık tamam.
Zihin karışık. Yalnızlık alışık. Aşk kanatıyor. Elin köpekleri muhabbetimizi kaynatıyor.
Ben sana âşık... Ölmeme yeter zehrinden bir kaşık.

Sen olma

Gökyüzü lacivert. Sen olma.
Mavi yakışır tenine. Beyaz, gözlerine.
Hava bulutlu. Sen olma.
Güneşli ol sen, açıl, ışık saç, kapanma! Fikrine fazla kapılma. Zihnine mahkûm olma.
Kahverengi sıçrayamasın üstüne.
Kırmızı uyar şekline, etine, aksine.
Dışarısı buz gibi. Sen olma.
Yerler ıslak. Dikkat et kayma.
Önüne bak düşme. Boşluğa da düşme. Düşle.
Başlığı atılmamış hikâyeler de güzeldir.
Sahibine özeldir. Başlıksızlıktır tüm numarası.
Baştan belli olmanın nedir ki tadı?
Bu şehir uyuşmuş. Ahalisi durmaktan yorulmuş. Sarılacaksın kim varsa yanında. Bu şehir tek başınalığa çokmuş.
Durgunum günlerdir. Sen olma. Seninle alakası yok.
Alıp veriyorum içimden işte. Verdiklerim aldıklarımdan fazla. Küfrediyorum içimden geçen tıka basa trenlere. Egomu ısıran o sese, kalbimin abs'sizligine, arabana doldurduğun kacak benzinlere.

Kabullen

İlişkinin kabul süresi varsa eğer, tam da şu an olmalı.
Beğen, tavla, kavuşama, kavuş, şaşır, durakla, kabullen ve ak.
İyi şeyler de başımıza gelebilir bu hayatta. Bağlanmamalı kötülüğe halatlarla.
Kabullen ve ak artık.
Kabullen aşkından geberdiğimi ve geberirken tek başıma gebermek istediğimi.
Kabullen sessizliğimi, gürültümü, uğultumu, bıkmadan usanmadan sek sek oynayan fikirlerimi.
Huysuzluğumu, tahmin edilmesi imkânsız uyumumu, korkup uzaklaşmamı, yalnızlığıma kaçıp kaçıp sana tık nefes koşmamı kabullen.

Geçti

Geçti, korkmuyorum artık terk edilmekten.
Terk edilmek nedir ki? Yanımda olmaman mı? Olma. Yine severim seni.
Terk edilmek nedir ki? Bir daha sevmeyecek misin yani beni? Sevme. Beni bozmaz. Yine severim seni.
İstersen sevme beni. İstersen özleme. Bekleme git başka yerlere.
Nedir ki?
Canın öyle istemiştir. Neylenir. Kan yapar, bağırsakları çalıştırır, böbreklere iyi gelir.

04.2013
Amsterdam

Zırıl zırıl

Saat 05.05.
Daha önce 04.45'di
Ondan önce 04.30, 04.20, 03.59, 03.36, 03.01, 02.40...
Uyumadım. Uyku ne?
Saat 05.06.
Uyku benim neyime.
Kocaman kadınlık nişanını takmış takıştırmışken... "Bir daha olmaz" derken... Yıkık dökük duyguları çocukluğa, farkındalıksızlığa, akışsızlığa denkleyip oh çekmişken... Kişisel Gelişim çerçevesinde yaptığım özgüven aşıları omuzlarımı akşamdan ıslanmış bulgur misali şişirmişken... Kırgınım.

Düşünceliyim. Sızılıyım. Sızının meali, Hisar'ın kırık kızıyım.

Tırnakları kırık. Saçlarının ucu kırık. Bağrı yanık yanık kızı.

Üzgünüm. Gözlerine kadar özgürlüğüm.

Saatlerdir hücrelerimde gezen hissin, tek kelimede tarifi bu, üzgünüm.

Ama yetersiz. Tarifi eksik. Şarkılar damarımdan akana tercümesiz.

Üzgünden başka bi'şeyim bu gece. Üzgün hiç bu kadar üzgün olmamıştı desem anlatabilir miyim? Öyle garip ve içeri içeri bi'şeyim.

İlişkide olur böyle şeyler dedin. Önce başının ağrıdığını, sonra beni sevdiğini söyledin. İki ilaç aldın, ağrını kesecekmiş.

Yattın uyudun
Uyuyabildin.
Bensiz...
Bizim ilişkimizde olacak mıydı böyle yan yatmalar.

Ağladığımı, gözlerimin kızardığını, her yanımın morardığını, sensiz kopup savrulduğumu, kolumu bacağımı sağa sola çarptığımı, korktuğumu biliyorsun. Yine de uyuyorsun.

Sen beni sevmiyorsun.

Taşımıyorsun varlığının tam ortasında.

Sevgin hırsına mağlup.

Aşkın öfkene kadar devrede.

Sen beni sevmiyorsun. Bu ne biberli acı. Nasıl gönülden bir ağrı. Yok bende ilacı.

Öyle kelimeler çıkıyor ki ağzından, bileklerimi jiletliyorsun.

Korumuyorsun beni en kıymetlin gibi.

Adımın önündeki 'aşk'ın gücü, kızgınlığına sözü yok.

Sen beni etinle, kanınla, dişinle, tırnağınla, canın gibi, başparmağın gibi sevmiyorsun.

Sen bensiz uyuyabiliyorsun.

Saat 05:18, ezan okunuyor. Allah'ım bana kuvvet ver. İnsan halden düşmeden niçin Allah'a sığınmıyor?

Ağrıyorum. Acıyorum. Yokluğa yürüyorum.

Durasım yok buralarda.

Ben kırık dökükken rüya görebiliyorsun.

Göğsünde başımın, karnında elimin eksikliğini hissetmeden gözlerini yumabiliyorsun.

Sen beni benim seni sevdiğim gibi sevmiyorsun.

Ve ben gidemiyorum.

Gitmek istiyorum. Bir daha seni görmemek. Evine gelmemek. Silmek, unutmak, yok olmak, toza toprağa karışmak istiyorum.

Gidemiyorum. Acizim.

Varlığımla yokluğum birken, sen bensizliğin tatlı uykusunu alırken ben gidemiyorum. Yorgunum.

05.22... Usul usul ağlıyorum.

Damlalar dolusu yalnızlık benimkisi.
Yalnızım biliyorum. Sahi ben iki kişilik dünyaya nasıl inandım bilmiyorum.
Ne zaman iki kişi oldum ki? Hayatın neresinden iki kişi tuttum ki?
Yaslandığım tüm duvarlar yıkık çıktı... Sen çıkmayacaktın. Sendin en güzel şey. Bizdik en sağlam şey...
05.25... Çocuk muyum, ucu yırtık, ters dönmüş çarık mı, daima çırak mı? Zırıl zırıl ağlıyorum.
Yalnızlığa döndüm, çok korkuyorum.
Kendimde neyi bulamıyorum da korunmak istiyorum? Gördün mü yaptığımı, yine yalınayak yürüyorum.
Çatlağım orta yerinden.
Sen beni sevmiyorsun.
Sevsen de sevmiyorsun.
Ben şu koltuğun ucunda titrerken, sen yatağında uyuyorsun.
Sabah olunca arayacaksın. Sonra buluşacağız ve aynen devam edeceğiz sanıyorsun.
Sen beni bilmiyorsun.
Nasıl parçalandım sana görmüyorsun.
"İlişkilerde olur böyle şeyler" diyorsun.
Ben sana ilişmedim, hatırlamıyor musun?
Öyle ihtiyacım var ki sana tam da şu anda. Saçımı okşamıyorsun.
Teselli etmiyorsun. Gözlerimi öpmüyorsun.
Ben ağladıkça bana ceza kesiyorsun.
Sen beni sevmiyorsun.
Sevsen de sevmiyorsun.
Sen bensiz uyuyabiliyorsun.
Söylesene bunu nasıl yapabiliyorsun? Nasıl içine sindirebiliyorsun? Bensizlik ağlatmıyor mu seni?
Nasıl ağlamıyorsun?

Döküldük sokaklara biz. İncilerimiz dağıldı sağa sola. Eridik en tepemizden.
Sen beni kahrediyorsun.
Sözlerinle kıyıyorsun.
Nasıl anlatırım kendime, nasıl kabullenirim?
Yeniden başlar mıyım gülmeye en küçük güzelliklere, nasıl unutabilirim, kanı durdurabilirim?
05.33.
Yankılanıyor evimde: sen beni sevmiyorsun.
Sevsen de sevmiyorsun.
Sen bana inanmıyorsun.
Senin aşkından büyük kızgınlığın var.
Senin kalbinin kapısında dikilip girişleri tutan geçmişten yadigâr kalkanların var.
Aşka seve seve mağlup olmayı kendine yediremiyorsun.
O kadar keskin, o kadar bıçak gibisin ki, sen beni ben gibi görmüyorsun.
Ağlıyorum duymuyorsun. Gözyaşlarımı sinir, kırgınlığımı ego, küsmelerimi oyuncak lego sanıyorsun.
Yalan dolan diyorsun.
Sıfatlar takıyorsun.
Dalga geçiyorsun.
Tek bi sözünle perişan olduğumu hâlâ anlamıyorsun.
Sen beni sevmiyorsun.
Sevsen de sevmiyorsun.
Duman oldum şu koltukta. Denizler döktüm. Sen bensiz uyuyabiliyorsun.
Sen bensiz uyuyabiliyorsun.
Sen bensiz uyuyabiliyorsun.
Gitmek istiyorum buralardan.
Çok uzaklara…
Tek bir kelime etmeden günlerce susmak istiyorum.

Kanatmadan sevecektin beni.
Yalnızlığa yem etmeden.
Bensiz rüya görmeden.
Sen beni sevmiyorsun.
Sevsen de sevmiyorsun.
05.44. Ben hâlâ ağlıyorum, sen hâlâ uyuyorsun.
Bunu nasıl yapabiliyorsun?

20.04.2013
Kadın Mektebi Sokak, Rumelihisarı

Şimdi

Mesela senin gözlerin var, koyu koyu bakan, sonra birden ısıtan.
Uzun parmakların var mesela, ta en derinlere dokunan.
Dudakların var, sabahları kızaran.
Bordo kazağın var, geçmişi hatırlatan.
İronik aslında. Geçmiş çoktan geçmiş, hiç gelmemiş senin yanında, gelecek çarşaf gibi deniz.
Kelimeler dökülüyor ağzımdan. Bilmelisin beni benim bildiğim kadar en azından.
Bağrına basar mısın beni, tanısan saçımdan tırnağımdan.
Aşk hiç böylesine aşk olmamıştı sen gelene kadar
Ah aşk! Hiç böylesine hazza yakın durmamıştı seni tanıyana kadar.
Anlamasan da bak bana, bak da gör, etimden et, kanımdan kan saydığımı.
Gör ellerimin yalnızca sana doğru durduğunu.

Var olmakla yerle bir olmak arasındaki o incecik çizgideyim şimdi.
Tut beni. Tut göğsümde esen rüzgârı. Tut karnımda koşturan endişeleri.
Sev beni.
Sever misin beni?
En saçma, en kırık dökük, en yanlış halimi.
Küçücüğüm şimdi. Pusulamı sana kurdum. Tüm pusulara bomba koydum.
Ne öncesi, ne sonrası, her şey şimdi. Sen şimdi. Sonra da şimdi. Dün de şimdi.

31.03.2013
Mecidiyeköy

İneceksin topraklarıma

Kahvenin sütü kesik. Dilim acıyor.
İki kız bir erkek etrafımda koşturuyor.
Kutular. Dizilmeyi bekleyen lokumlar, çikolatalar, tatsız görünen tatlılar, çekilmemiş kahveler, Kolombiya'lar, yağsız sütler, etsiz türlüler, Türkler, hep aynı yöreden Türküler.
Kafe boş ama oturmaya masa yok. Kutuları itip, bahtıma düşen bir sandalyeye oturuyorum.
Beyaz kupada filtre kahve önümde. Yaldızlı kâğıtla kaplı çikolata koymuş garson yanına, jest hesabı.
Filtresiz bir itirafta bulunmam gerekirse, artık sensiz bi'sey çekilmiyor.
Geçmiyor, sarmıyor, akmıyor, kavrayıp tutmuyor.
Sylvia Plath'le ilişkim bile huzursuz. O kusursuz satırlar bile saçlarımdan kapıp sürükleyemiyor beni.

Özdemir Asaf, Turgut Uyar, Edip Cansever, Ahmet Telli... hepsinin gidişatı belli.

Sensiz başlamıyor, bitmiyor, şuradan şuraya gidemiyorlar Sylvia gibi. Bugün gibi, gittiğin dün gibi, sağı boş yatağım gibi, sen kokmayan yerler gibi.

Koridorda mısın, cam kenarında mı?

Otuzdan sonra koridorcu kesildim ben, n'apalım, anneanne geni.

Cam kenarında doğulur, sonradan koridorcu olunur. Kader sürüklemesi.

Koridor seçimi karakter meselesi.

Her an kalkabilmeliyim yerimden. Kimseyi rahatsız etmeden, dürtmeden, iteklemeden, bacaklarımı eloğlunun bacaklarına sürtmeden, uyuklamaları bölmeden.

Her an fırlayabilmeliyim koltuğumdan. Fütursuz değilim gelene geçene çelme takacak kadar.

Kim bilir ne yapıyordum senin koynunda yatana kadar?

Köşelerde kıvrılıp sızmışım, sabahlara iki büklüm uyanmışım kireç tutmuş rüyalarım kucağını bulana kadar.

Yok, unutmadım ettiklerimi, silip atmadım, yok saymadım yukarı aşağı arşınladığım sokakları.

Ama sen tattığım her şeyden farklısın. Damağımdaki kekremsilikten gayrı. Başka dünyanın adamısın. Şimdi dünyamın adamısın.

En sevdiğim ne varsa, artık en sevdiğim değil. Listeler altüst oldu. Birinciler diskalifiye edildi. Dopingli çıktılar, yarışmalardan men edildiler.

Yıllarca kandırmışlar beni. Ya da ben kendimi. Sonuçta üzülen bensem kim kimi düzdü fark eder mi?

En sevdiğim ne varsa 'en'liğini yitirdi.

Tarifi değişti sevmelerimin.

Sanki sıfırdan başlıyorum. Bebeğim, güneşe, çiçeğe dans eden kelebeğim.
Bir lezzet klasiğiymiş salepli kahve. Aha! Yazıyor broşürde. Üşür de içerler diye.
Sakın beni klasiklerle sevme. Klasikler sabittir, hep oradadır, dünden yarına kalandır ama klas ve siktir özünde.
Bilindik, beklendik ve umulduk olmadığımızdan tutuldum sana delice.
Geri sayım... Son beş dakikadayım... İneceksin topraklarıma.
Hava havalı olacak seninle soluyunca.
Buradayım. Çıkacağın kapının karşısındayım. Acıktım, susadım, istediğim gibi yazamadım, saçımın rengini tutturamadım.
Boşver. Seni görünce her şeyi unutacağım.

05.04.2013
Sabiha Gökçen Havalimanı

Kelebeğin rüyası keleğin daniskası

Yaşadığımız şehre yabancılaştığımızı düşünüyorum.
Sanki babanı yıllar sonra tanımak, pardon tanımamak gibi.
İstanbul...
Tanışıyoruz bir yerden ama nereden?
Bütün bu insanlar kim? Üstelik tam da eski mahallemde üzerime koşan bu eloğlu muamelesi kimden?
Kalabalığız üst üste, alt alta. Altta kalanın canı çıksın ama.
Yeni bir can kazanırız her can çıkışında.
Olmuyoruz anasını satayım. Ölmüyoruz.

Yaşamıyoruz da.
Kelebeğin rüyası...
Kelebeğin kâbusu...
Kelebeğin ömrü...
Ömür törpüsü...
Boş geçip duran onur otobüsü.
Bazı erkekler var. Bazı. Aynı yerden sollamaya çalışıyorlar, bazı bazı.
Sana yakışmıyor onlarla eşzamanlılık, adaşlık, kardaşlık.
Öyle oluyorsun bazen.
Görmemek için gözlerimi yumuyorum ama karanlık sızıyor bir yerlerden. Bakıyorsun onların durduğu yazları sıcak ve kurak, kışları soğuk ve yağışlı yerden.
Ben küçüldükçe büyüyeceksen ekmek kırıntısından da küçük olmaya razıyım ben. Allah razı olsun şu hislerden.
Borçluyum sana. Kaç kişi kaldık körkütük, dımdızlak, salak. Aşktan sebep avanak.
Beni sınıflandırıyorsun bazen. Şekilden şekle sokmak istiyorsun. Neysem onu algılamayı reddediyorsun.
Kızıyorum sana. Kızmak gibi değil de kısılıyorum sana. Kısaları yakıyorum uzun karanlık yolda.
Senin böyle olmaman gerekirdi. Çeviriyorum kafamı boş kaldırımlara.
Benzeme onlara. Valla.
Sarıldıkça sarılasım var sana.
Saçlarım koynunda. Nefesim boynunda. Kalbim kalbinin ritminde.
Azalma onlarla. Kapanmasın perdeleri üstümüze.
Akıyorum sana. Üst üste konasım, orada boynunda kalasım var, anlasana.

Kaplara doldurmaya çalışıyorsun beni, kahvaltıdan artmış iki kaşık lor peyniri gibi... Çözdüğünü sanıyorsun sınavın en tipik matematik problemi gibi.
Öylesine çarpıp böleceğin işlem değilim ben. İşlemem. İşletilemem. Bebek'te bir kafe miyim ben?
Isıt beni. Duy artık uzatma.
Kelebeğin rüyası.
Keleğin daniskası.
Okusan diyorum satır aralarını.

24.02.2013
Nişantaşı

Aşk satar

Sevgilinin yanında bir oturma biçimi var sanki, bunu annelerimiz uydurmuş, uymayın.
Aslında yok öyle bir biçim. Aşk biçim biçim.
Herkesin hissettiği nedir, mesela benim yaşımdaki kızların, pardon, kadınların?
Kadınız biz. Kanıtız. Evlenmeden kadın sayılmamaya işlenmişiz ama basbayağı kadınız.
Kadınlığı bastırılmış kadınlarız.
Gürül gürül kadın olmak zor iş. Ona buna zorba iş.
İlk tercihini yaptın mı gerçekten?
İlk tercihin mi yaşadığın bugün? Yoksa kötünün iyisi kontenjanının abonesi misin?
Sarhoş oldum.
Sarhoş güzel. Sar beni hoş. Hoşt.
Bir roman çıkar mı benden? Öyle güçlü bir kahramanım var mı?
Beni satsan tutar mı?
Aşk satar, sen beni satmasan olmaz mı?

17.02.2013
Nişantaşı

Gelme

Herkes geldi.
O kısa saçlı sarışın orospu bile.
Üç haftadır yoktu. Orospuların yokluğu hissedilmeyecek şey mi?
O sakallı yumurta kafa. Beresiyle sarışın oğlan. Kareli yağmurluğuyla arkadaşımın asosyal arkadaşı.
Herkes geldi, herkes.
Gelmemesi gereken herkes.
Gelse de bir, gelmese de bir herkes.
Sadece sen gelmedin be! Bekledim, çok bekledim. Gelmedin.

01.2013
Nişantaşı

Garip

Bir Pazar. Garip bir Pazar. Aslında Pazar'ın suçu yok, Pazar masum. Garip olan benim. Akustik versiyonumda sersemlemekteyim.
Birkaç gündür kendime "Hayırdır?" diye soruyorum. Neyim ola ki? Çekilecek iş değilim.
Durgunum, hiç huyum olmamasına rağmen. Neşe eksik, neşem. Henüz isimlendiremedim ama var bir endişem. Tersim ters.
İçiyorum olmuyor, ritmi yüksek müzikler kulağımı ütülüyor, sessizlik yemini etmişe bağladım. Kahvaltımı hazırlarken biraz ağladım.
Balkonda oturuyorum şimdi. Çocukluğumdan beri sahip olmayı istediğim o balkonda.

Hayallerimin evindeyim. Aman abartılmasın, dergilere çıkacak cinsten değil canım. Küçük hayallerim oldu benim. Büyük insanların büyük hayalleri olur. Küçüklerdenim.

Henüz hayalime kavuştuğumun farkında değilim. Özel olacaktım, herkes gibiyim.

Müsaadenizle tüm özel günlerin içine edebilir miyim?

Yukarıdan bakıyorum Boğaz'a. Tekneler geçiyor dolu dolu. Denizde şenlik var.

Sahilde balıkçılar balık tutuyor, sporcular yürüyor, iki abla deniz kenarına kurulmuş spor aletlerinde bacak hareketleri yapıyor.

Aile günü bugün. Aitlerin günü. Pazar günü.

Hep merak ederim başkalarının Pazarlarını. Mecburiyetten mi bir araya gelir anneler, babalar, çocuklar, torunlar, anneanneler, babaanneler, dedeler?

Yoksa en sevdikleri gün müdür Pazar?

Birbirilerine tahammül ederek mi geçirirler haftanın son gününü. "Akşam olsa da sessizce dağılsak" mı derler?

Yoksa beraber olmanın, koca günü baştan sona paylaşmanın huzuru, coşkusu mu içindeler?

"... mu içindeler" olmadı biliyorum, "içindeler mi?" doğrusu. Ama kimin umrunda. Yerim sürekli değişirken 'mu'nun yeri kimin umrunda.

Mesela Pazar kahvaltıları var mı herkesin? Şöyle peyniri, zeytini, kekikli domatesi, tavada yumurtası, balı, kaymağı döşenmiş iştah açıcı sofraları var mı?

Tadına varırlar mı? Sohbetlerinden bal damlar mı?

Mutlular mı, Pazarlarına pazarlıksızlar mı? Şükran duyarlar mı?

Çocuklarıyla konuşurlar mı? Ya da evin genç kızı elinde telefonla mesajlaşıp, "Şu Pazarlardan ne zaman kurtulacağım?" diye Pazar sayar mı?

Hep merak ederim başkalarının Pazarlarını.

Bir garip bu Pazar. Garip olan o değil benim aslında.

Kimse yok yanımda. İyiyim tek başıma. Yoruldum, uğultu göğsümde, başımda, karnımda.

Aile ziyareti var, karşımdaki beyaz demirli terasta. Ne konuşuyorlar, ne yiyip içiyorlar, gizli gizli içlerinden neler geçiriyorlar kimbilir.

Kuşlara ekmek verecektim, uçup gittiler, n'apayım, kendileri bilir.

İnsanın verici olmasının sebebi, almayı bilmemesinden midir? Verenin derdinden almamışlar anlıyor olabilir.

Garip bir Pazar. Herkesin birileri var. Telefonum çalmıyor, mesaj sesi gelmiyor. O kadarım, n'apalım, bu kadar.

Azı karar, çoğu zarar. *"Kim arar söyle kim arar"*.

Bu gariplik nereden yadigâr. Hisar güler, ben bakar.

Radyoda "Fragile" çalar.

12.05.2013
Kadın Mektebi Sokak, Rumelihisarı

Bokdeniz Bölgesi, Elesığ Yöresi.

Kendin olmak yok. Yasak. Tabuların tabusu. Onda bunda tapusu.

"Kendin ol" buyuruyorlar bize. Emrediyorlar. Kendimiz olunca yırtacağız, bayrağımızı dikip dalgalanacağız ya.

Paramız olacak, işimiz güllük gülistanlık olacak, aşkın aşklar yaşayacağız. Endişe uğramayacak, korkular kaybolacak kendimiz olunca.

Kafamıza kakılan bu.

Ol bakalım kendin. Sıkıysa dene. Kendin oldun mu göt gibi kalırsın ortada. Seni sen olduğun için sevdiklerini söyleyenler neredeler, bak bakalım.

Üşenme. Pek kolay.

"Canım istemiyor" bile diyemiyorsun gönül ferahlığıyla ya da "Öyle geldi içimden".

Ne kadar çocuksu, şımarıkça. Yetişkinlerin dünyasında sen kimsin de canın istiyor, istemiyor.

Kim ki lan senin için? İçine sıçsınlar. İçin için gebereceksin kollarında, oyunlarında, sahnelerinde, koridorlarında.

Seviştiğin savuşturuyor seni. Aslını esasını, temelini, çekirdeğini, özünü, sözünü. Sokaktaki üç kuruşluk tiplerin ağzından çıkan kadarsın.

Canını, terini, midende sızısı dinmeyeni, ağlayamadıklarını, her seferinde "Bu kez kaybetmeyeceğim" azmiyle kursağına doldurduklarını umursamazlar.

Üzgünüm ama kursağındakiler hep orada kalacaklar. Dişinin kovuğuna yetmeyenlerle kıt kanaat doyuracaksın kendini. Ürkme, kanaatten geçeceksin eninde sonunda. Sırtına yükledikleri kof gururla.

Ya kendin olacaksın, ya kavruk kavruk onlarla. Ezilecek için, günde üç vakit tiksineceksin aksinden, aksileşeceksin, neşeni kaybedeceksin.

Senin hiç neşen oldu mu? Neşe nedir tattın mı?

Kaybı kaldırılamayacak tek şeydir neşe. Küser, gider, siktir olur gider gecenin köründe, ruhun bile duymaz.

Sonra ruhun hiçbir şeyi duymaz. Sağırlaşır. Öyle inşaat alanında bitmiş sarı ot gibi kalırsın. Sarıp içenin bile olmaz.

Ya kendin olacaksın, ya demlik misali dikileceksin kısık ateşte ocakta. Sabah-akşam, akşam-sabah idare edeceksin. Korkma o kadar da kötü bi'şey olmamalı, baksana çevremiz Otland.

O kadar kalabalık, seri üretim ve boğuk ki, geçiş yok elbet. Gönlünegöreyokland. SuyunusıkalımWorld. Tabii *"We are the world, we are the childeren"* canım.

Ayrıca asla *"yıkılmadım ayaktayım"*. "Batsın Bu Dünya" çalarken hep beraber oynayalım.

"Kendin ol evladım, kendin ol çocuğum."

Olalım da yalnızlıkla ne olalım?

Kendin olmanın çatır çatır faturasıdır yalnızlık. Öbür çocuklar ayva reçelli ekmeklerini yerken dur bakalım tek ayak üstünde tahtanın köşesinde. Asıl ayvayı sen ye. Sen sen olduğun için hep ayvayı ye, boku ye, kapının dışında bekle.

Herkesin içeri kaçmak istediği zamanlar olur, eşinden, sevgilisinden, çocuğundan, arkadaşından.

Sevmez kendini, istemez eklemek başkasını, anlatamaz derdini.

Herkesin anlatamadığı, yazıp dökemediği kederleri varken neden bunca anlayışsızlık?

Karşımızdakine sırf bizi seviyor diye, sırf biz onu sevdik diye tırmıklar atmamızın ardındaki gücün adı ne?

Sevginin karşısında şefkat yazmaz mı? Seven sevgiyle bakmaz mı? Seven sevdiğini göklere taşımaz mı?

'Sana yapılmasını istemediğini mutlaka karşındakine yap, yol onu, gebert onu' sistemi midir bu?

Çekmeye tahammülümüz olmayan üzüntüleri başkasına çektirince ferahlıyor muyuz ne?

Elin dipboyası gelmiş çürük yumurta kokulu karısı, pozsuz tek bir eylemde bulunmamış Çengelköy hıyarına mı bizim aşkımız?

Onlar için mi sevdim ben seni?

Onlar için mi süründüm eşiğinde, döşeğinde?

Onlar için mi hıçkırarak rüyalardan fırladım gecenin üçlerinde, beşlerinde?

Onlara mı kurdum lan ben bu düşleri?

Kendin olmakmış. Sıkıysa ol. Sıkarlar gırtlağını. Alırlar dalağını. Koparırlar kulağını.

Sen toplasak toplasak kaç para edersin ki kendin olacaksın.

Kavgalarımız ezberden farkında mısın? Aşktan kavgalar değil bunlar, alışıktan kavgalar.

Kemiriyor bizi tutup yapıştığın kurallar.

Nasılım yanında biliyor musun? Misafirlerin getirdiği o iğrenç gümüş çanak gibiyim.

Hani gördüğünde "Ayıp olmasa da şundan kurtulsak" diye iç geçirdiğin.

Kendim olmam ağır mı sana?

İnsanın kendi olması niçin çekilmezdir başkalarına?

En çok da ev halkına, kanına, damarına, yola koyulduklarına.

Kendim olamıyorum yanınızda, kendimden caymaktan yoruldum, tek kol tek bacak buralarda. Yazdım ama diyemiyorum. Susuyorum. Kapanıyorum. Kapanlara yakalanıyorum.

Evim bile ev değil. Komediye baksana.
Babamın varlığıyla yokluğu belli değil. Son noktayı alkışlasana.
Buğdayı akşamdan ısladım, yumuşak değil. Alay etsene.
Saçlarım artık güzel değil. Küçümsesene.
'Ah'lar da lüzumsuz artık. 'Of'lar iki durak önce indi. Şu halime baksana.
Güvenimi şutladılar tarlalara. Kalbimi doğradılar Nişantaşı-Bebek yollarına. Çaktılar bez parçası gibi magazin sayfalarına.
Hani zamanla diner ya, dinmiyor zamanla. Zaman mecalsiz. Zamansız zamanlarda tükenmiş.
Esansları bir yana işin esası şu; tariflendiremediğim bu pis acının açılımı yok. Açık seçik ortada, orada, oramda ama denk düştüğü bir bölge yok.
Bokdeniz Bölgesi, Elesığ Yöresi.
Ne olacak Allah aşkına.

Sonsöz

"Önsöz yazmayı becerebilir miyim?" dedim. Beceremedim. Kusura bakmasınlar, hiç önsözlerim olmadı benim.

Hep kafadan girdim.

Sonsözlerim oldu benim.

Esasen sonda söylenmesi gereken önsözlerim.

Tutulmuş sözlerim olmadı benim.

Tutturmadım kelimeleri. Takla attıramadım. Yanlış anlaşılmasın! İstemediğimden değil, isteyip de yapamadığımdan.

Olduramadığımdan. Bakmayın tipime, kalkanıma, duruşuma, uyduruktan konuşmalarıma...

Neydi o şarkı? Kopuktu kopuktu zincir, olduramadım yani.

Bi'şeyler yazdım. Alt alta, üst üste, ortaya karışık, kaşık kaşık sıraladım.

Editörüm "Kıvrak bir metin" dedi ama biraz fazla duygusal buldu.

Biraz fazla duygusal olmakta ne var, bir türlü anlayamadım...

Duygularını koy bir kayığa ve sal arkadaşım.

Duygundur senin en hakiki yoldaşın, yolun, arkadaşın, fikrin, zikrin, aşın.

Sonra son bir söz eklemek istedim bu kitaba, dayanamadım.
Çünkü her okuduğumda eksik kaldım. Her yazdığımda ifademde kısırlaştım.
Ben ne dediysem, ne ettiysem kendime kavruk kaldım. Bir daha, bir daha şu midemden geçip tam on ikiden ağrıtanları anlatamadım.
Doğrularım yok benim, hissettiğimle dikine dikine, dosdoğru yaşama çabam var.
Kabul ediyorum, birikmiş öfkem var.
Allah kahretsin! Utançlarım var mesela.
'Keşke' demedikleri için böbürlenenlerden değilim. Benim keşke tırlarım var. Dünya turnesine çıktılar, şovlarını koyacak sahne bulamadılar.
Anneanneme benzeyen türlü türlü huylarım var.
Durup dururken katıla katıla ağlamalarım, çevreye rahatsızlık verircesine attığım kahkahalarım var.
İtirafa girecek gibi gözüküyor, itiraf etsem ne olur; benim kazan kazan kaynattığım değersizlik hissim var.
Ne yeterince akıllıyım ne yeterince güzel ne de yeterince becerikli.
Benim çocukluktan yadigâr yetemezliğim var. Yetişemezliğim var.
Biliyor musunuz; Ayvalık'ta buz gibi karadut suyu var. Hiç içmedim ama var.
Tutturamadığım domatesli pilavlarım, tam kıvamında peynirli poğaçalarım var.
Benim içmediğim, tatmadığım, görmediğim, bilmediğim neler neler var.
Hazır yeri gelmişken; benim kendime söz verip de tutmadığım tonlarca hikâye var. Gidecektim, yapacaktım, öğrenecektim falan filan... yalan dolan... gel sen de ayağıma dolan.

Üşendim, yapamadım, korktum, kaçtım, parayı denkleştiremedim, mazeretlerden demetler yapıp üstüne yattım.

Benim güvensizliklerim, tedirginliklerim, yarı yolda bavulsuz inmekten korkuşlarım var.

'Benim' kelimesine karşı nefretim olmasına rağmen cümle içinde kullanmaktan kurtulamayışım var.

Ve fakat biliyorum ki yazdıklarımın anlaşılmasına ihtiyacım yok.

Kafayı duvara tosladığımdan beri yargılarla işim yok.

O 'çok mutluyuz, en eğlenceli biziz' alt metinli fotoğraf karelerinde yerim yok.

Çok satanlarla muhabbetim yok.

Çırpınışlarım var; doğru.

Kararsızlıklarım var; eyvallah.

Affetmeye çalıştıkça dibe gömüldüklerim var; olsun.

Aslında demek istiyorum ki; insanın kendinden içeri olduğunda çok haklı bir mücadelesi var.

Herkesin ağladığı şarkılar, şiirler var.

Herkesin beklediği trenler, uçaklar, otobüsler var.

Gel tren.

İn uçak.

Yanaş otobüs.

Bizim biz olmaya ihtiyacımız var.

Edebiyat/Roman dizisi kitapları;

Planımız Katliam, *Haldun Aydıngün*
7, *Cem Akaş*
Altın, *Blaise Cendrars, Çev. Nuriye Yiğitler*
Bir Kuzgun Yaz, *Mehmet Ünver*
Mariella, *Max Gallo, Çev. Asena Sarvan*
Mathilde, *Max Gallo, Çev. Işıl Bircan Sarah,*
Sarah, *Max Gallo, Çev. Asena Sarvan*
Ziyaretçiler, *Giovanni Scognamillo*
Salta Dur, *Semra Topal*
Pus, *Mehmet Ünver*
Kentlerin Kraliçesi, *Hakan Senbir*
Cowrie, *Cathie Dunsford, Çev. Funda Tatar*
Selkie'lerin Şarkısı, *Cathie Dunsford, Çev. Funda Tatar*
İstifa, *Akça Zeynep*
Acayip Hisli, *Kate Atkinson,*
Çev. Devrim Kılıçer Yarangümeli
Makber, *Cem Mumcu*
Kötü Ölü, *Erkut Deral*
Boşlukta Sallanan Adam, *Saul Bellow - Çev. Neşe Olcaytu*
Tuhaf Bir Kadın, *Leylâ Erbil*
Hazdan Kaçan Kadınlar, *Fidan Terzioğlu*
Kurban, *Saul Bellow, Çev. Perran Fügen Özülkü*
Hey Nostradamus, *Douglas Coupland, Çev. İrem Başaran*
Kâseden Hisse, *Tibor Fischer, Çev. Duygu Günkut*
Getrude 2'ye Nasıl Bölündü?, *Şule Öncü*
Üç Başlı Ejderha, *Leylâ Erbil*
Bay Miller, *Charles den Tex, Çev. Tuna Alemdar*
Köpeğin Gölgesi, *Arda Uskan*
Kalpten Düşme, *Ayşe Özyılmazel*

Dizüstü Edebiyat dizisi kitapları;

Küçük Aptalın Büyük Dünyası, *PuCCa*
Piç Güveysinden Hallice, *samihazinses*
Bizim de Renkli Televizyonumuz Vardı, *Onur Gökşen*
Sorun Bende Değil Sende, *Pink Freud*
Bayılmışım... Kendime Geldiğimde 40 Yaşındaydım, *Şebnem Aybar*
1 Kadın 2 Salak, *Fatih Aker & Livio Jr. Angelisanti*
Erkek Dedikodusu, *French Oje & T.B.*
Bir Apaçi Masalı, *Angutyus*
Pucca Günlük Ve Geri Kalan Her Şey, *PuCCa*
2011'in Bobiler Tarihi, *bobiler.örg*
Bir Alex Değilim, *İstiklal Akarsu*
Sorun Bendeymiş, *Pink Freud*
Yedi Kere Sekiz, *Onur Gökşen*
Erkek Dedikodusu 2, *French Oje & T.B.*
Dünyada Aşk Var mı?, *Marslı Kovboy*
Bir Apaçi Masalı 2 - Kebabman, *Angutyus*
Allah Beni Böyle Yaratmış, *PuCCa*
Olsa Dükkân Senin, *İstiklal Akarsu*
Beni Hep Sev, *Pink Freud*
Allah Belanı Versin Brokoli, *Onur Gökşen*
Keşke Ben Uyurken Gitseydin..., *French Oje*

Üç Günlük Dünya Edebiyatı dizisi kitapları;

Olduğu Kadar, *Feyyaz Yiğit*

Kansız, *Olkan Serdar Yıldız*

Aptal, *Feyyaz Yiğit*

/okuyanusyayinevi
/dizustuedebiyat
/ucgunlukdunyaedebiyati
/floradizisi

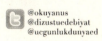
@okuyanus
@dizustuedebiyat
@ucgunlukdunyaed

 /okuyanusyayinevi

 @okuyanus